樂律

從叛逆到共鳴

與青春期的深度談心

王藝霖 著

中二病、挑戰權威、禁止戀愛、負面爆炸⋯⋯
從情緒管理到有效對話，突破親子的「溝通瓶頸」！

當更年期遇上青春期，如何有效且和平的溝通？

安全邊界感 × 人事分離法 × 內在歸屬

用理解代替爭吵，在叛逆期開啟親子

目 錄

前言

第一章
辨識：父母和青春期孩子的對話「卡」在哪裡

012	第一節	孩子叛逆、無法溝通的真相
025	第二節	被孩子的青春撞了腰
038	第三節	秒辨青春期親子溝通卡點
047	第四節	低能對話構築親子之間無形的牆

第二章
清障：拆牆建橋，與青春期孩子這樣對話

060	第一節	你們的談話可能是假溝通
070	第二節	有效對話場景一：日常
083	第三節	有效對話場景二：情緒
095	第四節	有效對話場景三：學習與交際

003

第三章
重啟：修復親子關係，讓愛在對話中流動起來

- 108　第一節　不傷父母尊嚴的和解方法
- 119　第二節　用心連結，化對抗為聯盟
- 133　第三節　治「尬聊」，不再做親子對話終結者
- 144　第四節　家長越害怕管不住，就越容易失控

第四章
懂得：看見彼此，親子雙贏

- 156　第一節　「我懂你」，對話孩子「冰山」下的內在需求
- 169　第二節　「你懂我」，清晰表達，告別誤會
- 182　第三節　「看見彼此」，DISC 成就雙贏溝通
- 199　第四節　從內向外，掌握與孩子愉快合作的祕訣

第五章
賦能：每一句話都可以是青春期孩子的「加油站」

212	第一節	父母穩得住，孩子才能站得住
234	第二節	三大「陷阱」導致賦能變失能
244	第三節	為孩子賦能的四大溝通工具
257	第四節	鼓勵孩子勇敢做自己， 養出「自賦能」體質

目錄

前言

有一天，我的先生和兒子兩個人在樓下照護寵物甲蟲，聽到先生哈哈大笑起來，我心想這父子倆相處甚歡呀，忍不住好奇地想看看他們之間發生了什麼有趣的事。

望著兒子越來越修長的身影，我的心裡突然像被某樣東西戳了一下：我們有多久沒有跟孩子輕鬆快樂地好好在一起了？每天催促他快一點，提醒他背挺直一點，告訴他再努力一點。是的，這一切都是對的，我們每天都在奔忙著想把事情做對。有時卻忘了，如何讓孩子在和我們相處的有限時間裡能更開心一點，如何才能讓我們之間的愛更濃一些，如何讓孩子因為我們而更被賦能（Empowerment）一些。比起這樣輕鬆、快樂、充滿愛的家庭環境，還有什麼是更重要的呢？

好多事情都有機會去做得更好，只要孩子有足夠的能量。但是好好在一起這件事情，卻是多麼刻不容緩，因為他成長的每一刻都意味著，跟他好好在一起相處的時間越來越少。

真希望透過這本書，可以讓家長們更多地了解身邊這個從童年走來，看上去已然高大或成熟，但仍然是孩子的少

前言

年,他們都經歷了哪些變化;讓家長們更多地理解他們有迷茫、有痛苦、有無助,也有不知所措;讓家長們能夠明白在溝通中如何給孩子最好的支持,完成他們人生中這一次重要的蛻變!

人常說「誰的青春不迷茫」,說的就是處於青春期孩子的狀態,現實中豈止是孩子迷茫呢,青少年的家長更迷茫。很多家長來諮商的時候,都非常困惑地說:「孩子到底是怎麼了呢?我簡直無法跟他溝通!」

父母跟孩子在一起生活 10 多年,可突然有一天,一覺醒來卻發現你超級不了解他,在家裡走來走去的那半個大人,簡直就是一個陌生人。有時一言不合就翻臉,有時好不容易能聽你講幾句話,心裡剛有點欣慰,結果他扔過來一句「說完了沒」。

青春期對孩子究竟意味著什麼?家長要如何看待、如何與他們溝通呢?希望透過這本書可以幫助更多父母在親子關係中了解彼此的需求,看清彼此的關係,掌握彼此的溝通模式,從而以真正的賦能和滋養讓孩子成長!

這本書大半是在附近的咖啡廳完成的,我每天早上都要與緊緊拽著我衣襟的小女兒告別。這明明是一本科普書,我卻常常寫得熱淚盈眶,還好因為疫情要戴口罩,我才沒有因此太尷尬。在這本書裡,有太多太多家庭的故事,有父母們的迷茫焦慮,有孩子們的徬徨無助,有父母們的覺醒改變,

有孩子們的蛻變成長。正是這一切，滋養了我的內心，給予了我力量，鼓勵我寫完這本書，以讓更多的家庭同樣被滋養。

我很感激孩子常常對我說「媽媽，你已經做得很好了」，我知道這是孩子體諒我，並賦予我能量。事實上，我也只是在前行的路上，希望這一路，能與曾經有同樣困惑和苦惱的家長們相互取暖，讓我們一起活成一束光，照亮並溫暖父母與孩子之間的親密關係，讓孩子們更有力量，微笑著去面對他們的星辰大海。

前言

第一章
辨識：父母和青春期孩子的對話「卡」在哪裡

當中二病及青春期叛逆來襲時，親子關係彷彿進入了「隧道期」，一切都變了樣。本章節帶家長一起演練如何迎接來自「隧道期」的四大挑戰、盤點親子衝突的「三大坑」。從處於「隧道期」親子關係中家長和孩子各自的變化和壓力出發，深度解析親子溝通不順的原因，並給出「量化」親子溝通的工具，幫助家長輕鬆辨識日常生活中不易覺察的溝通「卡點」。

第一節　孩子叛逆、無法溝通的真相

一、「中二、小四病」來襲，家裡多了一匹失控的野馬

身為一名青春期孩子的家長，有個網路流行語即使你沒聽過，但可能也深深感受過，那就是「中二病」，說的就是孩子到了國中二年級，會表現出這個年齡階段的很多特點，比如自以為是、狂妄，同時又總覺得沒人理解他們等。而在父母眼裡，孩子呈現出來的狀態是閒散沮喪、缺乏動力、難以管教，讓父母在極度挫敗與隨時爆發的情緒中無法自拔。

如果說家長多數都能感受到「中二病」撲面而來的壓力和挑戰，那麼「小四病」反而是來得「隨風潛入夜」，讓你某一天才驚覺發現它已經來了！所謂「小四病」就是前青春期，常常發生在小學四年級。

到底是什麼讓昔日乖巧可愛的寶貝們變得難以捉摸、無法溝通，有時候還會如火星撞地球，竟像仇人一般？

青春期對家庭和孩子的影響來得可能遠比家長們想像的要早，發生在生活中所有的改變，就是一個信號彈，在告訴父母：孩子長大了，來到了人生的另一個階段。

第一節　孩子叛逆、無法溝通的真相

經常有家長問我，王老師，你家孩子肯定沒有這些情況吧？我說，怎麼會沒有呢？如果他沒有出現任何步入青春期的表現，我才焦慮呢，青春期是孩子完成人生蛻變的一個最重要的階段。當他出現各種變化，正說明他長大了，將要邁入人生新階段了，這是一件很值得慶賀的事情！正如我曾經為他學會走路而高興，曾經為他開口說第一句話而開心。

孩子長大了，孩子在變，父母有沒有跟著改變呢？

我從事家庭教育這麼多年，按理說對青春期孩子可能會出現的狀況已經有了一定的了解，可是，當自己的兒子第一次像個小獅子一樣宣稱他的主權不可侵犯的時候，我也是血壓飆升！我的孩子怎麼可能會頂撞我呢？挫敗感油然而生。但我也很快意識到，他已經不再是那個天天圍著我轉的9歲孩子，而我也已經是一位10歲的前青春期孩子的媽媽了。

孩子長大了，而父母有沒有跟著孩子一起長大呢？親子關係有沒有一起成長呢？

如果沒有，就好像孩子穿小的那件衣服，看上去又短又緊，還可能會撐爆線，掉釦子。在過去10年左右的時間，父母跟孩子一直是很密切地相處，在這種關係中，往往父母對孩子的依賴多於孩子對父母的依賴。當孩子經歷青春期，幾乎所有的行為都是指向與父母分離時，這對父母來說是一種心理挑戰。如果這個正處於青春期的孩子是家裡最大的那個孩子，也就是說第一次做青春期孩子父母的話，對於父母來說真的需要

很大的勇氣，需要很多的信任和愛，才能夠做到坦然且滿心祝福地放手，從心底給出一份允許，允許他自由成長。

當父母真正放手了，才發現自己收穫了兩個自由的靈魂：孩子的和自己的。

青春期僅僅是指孩子的生理變化，而事實上沒有哪一個青春期的風浪完全是孩子一個人經歷的，我更願意稱這段時間的親子關係經歷了一個「隧道期」，這個階段的經歷是父母和孩子共同的任務。

有一句話說「如果一件事情影響不到媽媽，就影響不到孩子」。

可能父母更多看到的，或者表述的是「我家孩子」在經歷青春期這個階段，真的發生了太多變化，受了太多影響……其實，這在某種程度上是父母受到影響的反射現象。當父母自己能夠很好地接納「隧道期」，並且願意開啟「隧道模式」，與孩子共同度過的話，就會發現孩子並沒有像你先前想的那樣難以理解、難以接受了。

二、「隧道期」的親子溝通「變調」了

「隧道期」的父母和孩子都會經歷什麼呢？可能是急速前進，也可能是狂風暴雨，還可能是意外驚喜，就好像去了一個遊樂園，要水上探險、要坐雲霄飛車，如此經歷一番之

第一節　孩子叛逆、無法溝通的真相

後，才能收穫一張通關卡，然後順利進入孩子的青年時期。

　　隧道一端是孩子的童年，另一端是孩子的青年，孩子的任務就是離開童年，去往成年即青年階段，完成人生最重要的一次蛻變。父母對在這條隧道裡將會發生的事情感到忐忑不安，時而焦慮時而充滿期待。「隧道期」是一個會讓孩子和父母都行之艱難的階段，也更加需要父母與孩子相互扶持走過，而不是等孩子走向成年時，發現親子關係已經兩敗俱傷，或者在這段舉足輕重的人生經歷裡充滿遺憾。

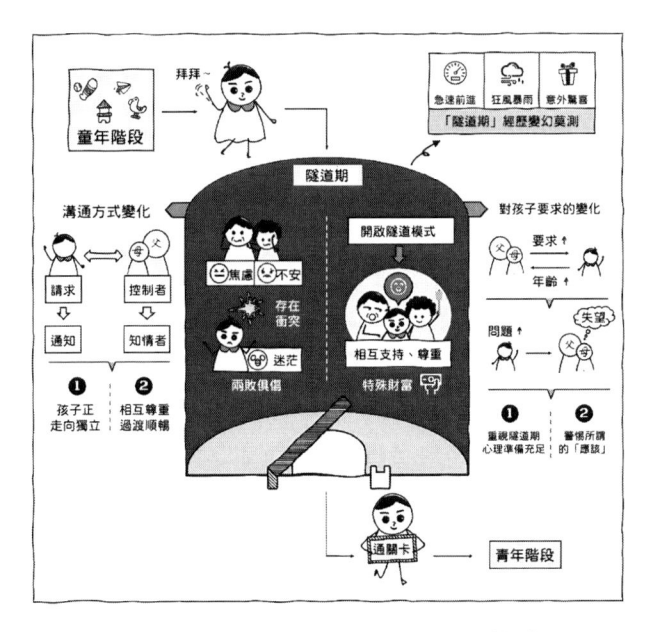

　　「人生最遺憾的，不是你做不到，而是你本可以」。父母完全可以與孩子共同把這段特殊的日子變成財富。

第一章　辨識：父母和青春期孩子的對話「卡」在哪裡

試想一下，當一個人開車進入隧道，是不是看到的、聽到的甚至聞到的都在發生變化？那麼，處於「隧道期」的親子溝通都會發生哪些變化呢？

1. 孩子與父母的溝通方式從「請求」變成「通知」

在隨著孩子走向成人的過程中，值得父母注意的一個關鍵點是：父母在孩子生命中的位置在發生變化。

之前無論什麼事都要先向父母請示，「媽媽我吃個糖果可以嗎」「媽媽我想去同學家玩」「媽媽我能不能看卡通」，甚至當你生氣發火時，他都不會離開，還會邊哭邊纏在你身邊要「抱抱」。

家長之於孩子就好像是太陽照地球，地球整天圍著太陽轉，這種規律、這種相處模式，甚至常用的對話方式都已經形成習慣。當孩子請求看卡通時，父母可能不用想就會說「不行，先把作業寫完」。當孩子哭著要抱抱時，父母可能又馬上說「不抱，你一點都不聽話」。

然而 10~13 歲的孩子會「擅自」變更這種溝通方式，比如他一改之前「請示」的溝通方式，變成「通知」，父母從「控制者」變成了「知情者」。這並不是孩子「不把父母當回事」，而是他已經準備獨立了。

如果之前是這樣的溝通模式，會在「隧道期」讓父母陷入

困境。這個地球開始不按軌道運轉，動不動就溜出原來的軌道，而太陽又會努力地把他拉回原來的軌道。有拉扯就有掙脫，當有拉不回或者掙脫不掉的時候，衝突就會發生。

但假如親子之間，以前就是相互尊重的溝通模式，那麼「隧道期」的過渡就會相對順暢很多。

2. 父母對孩子的要求也在變化

父母往往會想當然地認為隨著年齡成長，孩子應該越做越好，越來越懂事，越來越像個大人一樣思考和做事。可是恰恰相反，孩子的「問題」卻越來越多，很多父母在這個階段會對孩子生出「失望」之意。

這是因為家長忽視了「隧道期」的存在，或者至少是沒有給這個階段足夠的重視，以為孩子的成長會與身高直接匹配，以為孩子都跟媽媽一樣高了，就應該像媽媽一樣思考。可是他們仍然是個孩子，而且還是處於特殊階段的孩子，在這個階段，不僅父母要加倍打起精神，還要對它的長度和難度有足夠的心理準備。

孩子能感受到進入「隧道期」後父母也發生了變化，父母對孩子的容忍度降低，要求變高變多，耐心變少，原來能夠允許的事情現在卻不行了。父母還總是說：「你都10歲了！」「你應該⋯⋯」

第一章　辨識：父母和青春期孩子的對話「卡」在哪裡

父母要警惕隨著孩子長大，自己口中多出來的那些「應該」，它們會讓你無法做到真正地接納孩子。你要及時停止投射自己的期待和標準給孩子，因為這對孩子和你都是一種折磨。

三、如何迎接來自「隧道期」的四大挑戰

1.「衝突」成了你家的常客

如果父母的要求是細碎且嚴格的，那麼他們會更快經歷親子之間的第一次衝突。在衝突中，你會看到一個陌生的孩子，他們有著火山一樣的脾氣爆發，鬥雞一樣的臉紅脖子粗，並有著辯手一樣的口才，甚至還有仇視的眼神。如果這一次你沒有控制住情緒，而是跟孩子「火拚」一場的話，說真的，我也是萬分理解。因為對父母來說，心裡有委屈，有氣憤，有不可思議，還有不知所措。父母還不知道為什麼會這樣！

然而，等到風平浪靜之後，那個小可愛又會若無其事地叫著爸爸媽媽，讓你恍惚覺得之前發生的只是個意外。但千萬別被自己的僥倖催眠，因為這個第一次只是一個訊號而已，如果你沒有及時重視，那麼同樣的場景會頻繁再現，因為在絕大多數的親子關係中，衝突會引發父母的挫敗感以及對於家長權力失去的恐懼感。於是他們會對孩子加強控制，

然而越控制，就會越遭遇孩子的反抗，尤其是在孩子用盡全力去尋求獨立的「隧道期」，「獨立」和「控制」是無法並存的。這個訊號在提醒父母，是時候好好讀完手裡的這本書了。

其實，即使重視，衝突也在所難免。在之後的幾年裡，親子之間還是會產生衝突的，當然衝突未必是壞事，衝突是在幫助親子之間建立新的、更加合適、更加有效的連結。那麼如何讓衝突成為機會，如何在衝突中尋求雙贏才是家長需要關注的。

2. 時而要與兒童溝通，時而又要與成人溝通

當青少年跟你說「不用你管我」的時候，並不意味著他真的完全不需要你了，或者你可以完全退出他的成長期了。這個階段的孩子是既想獨立，又得依賴父母的小獅子，雖然他正在邁向成年，但是父母一定要記得他剛剛從童年走來。

他們就像在隧道裡盪鞦韆，一下子擺盪到童年這一端，一下子又擺盪到青年那一端，父母要做的不是讓他停下來，要麼做個兒童，要麼做個大人。而是當他盪過來需要你的時候，父母就推一把，給他必要的支持，而當他遠離不需要父母的時候，父母也不必追，只需用祝福目送。

父母要理解青少年雖然有時像個孩子，但是卻又極愛面子。也就是說，他不想被任何人以任何方式提醒他是個孩

第一章　辨識：父母和青春期孩子的對話「卡」在哪裡

子，或者行為幼稚、不可靠，所以父母如果能夠注意到這一點，以合適的方式維護孩子的尊嚴，孩子就會視你為盟友。這恐怕是青少年能夠給你的最正面的回應之一。

3. 青少年與父母的溝通變少，與同齡人的交際升溫

青少年與父母的溝通時間、內容都會比之前更少，但是卻非常樂於跟同齡人交際，跟父母說話是「簡短彙報」，跟同學通電話是「談天說地」。有的家長會憤憤不平地說：「同學說的話都比他爸媽說的有用多了！」

當孩子拒絕你的活動邀請，而轉向同齡人的聚會時，不必失落，更不必強行把他拉回你身邊。

他的拒絕不是針對你，他的盛情也未必是對某個具體的同學。而是他在探索青春期的重要課題「我是誰」的時候，獲得的第一個答案就是：「我不是你們（父母），我是他們（同齡人）。」

事實上，親子關係會決定孩子選擇成為哪個群體的一員。當親子關係親密而良好的時候，孩子會更容易接受父母的價值觀，而當親子關係僵化緊張的時候，孩子更容易為了反對而反對，而做出與父母價值觀相反的選擇。而且當孩子在同伴關係遇到壓力的時候，良好的親子關係就會成為孩子最有力的支持，不會把孩子推得更遠。反之，如果孩子遭遇同伴壓力，又不願意信任父母的時候，孩子可能會做出更加危險的選擇。

4. 青少年是「思考獨立者＋行動衝動者」

青少年會進入思考和思維的發展階段，對抽象概念、邏輯性思維都有很大的發展。比如之前看歷史故事，更喜歡故事情節，但是這個階段會開始去分析各個事件間接與直接的關聯，之前可能更喜歡看小說或漫畫，但現在可能對經濟學產生了興趣。好處是親子之間的談資在發生變化，挑戰則是他在反駁父母的時候會更加有力，尤其是在爭吵時，父母會常常發現力不從心，因為他總是能踩準父母的邏輯錯誤或者自相矛盾之處。在父母被孩子弄得啞口無言，氣急敗壞之餘，是不是也會暗自欣賞起孩子的獨立思考呢？

不管青少年的思考多麼富有邏輯，他們的行為卻常常是衝動的，這與他們的大腦發展特點密切相關。

父母了解到青少年這個特點，真心接納他們很重要，在他們表達自己的時候，認真傾聽而不是爭辯對錯，在他們難以控制情緒的時候給予共情，而不是嘲笑或批評。只有孩子被接納，他才有可能蓬勃生長，如果他所有的思想與行為都遭到批判，他就會質疑自己存在的價值。

四、盤點親子衝突的三大「坑」

我在面對青春期孩子家長的諮詢中發現，引爆父母與孩子衝突的點大致可以分為權力衝突、疆域衝突和站位衝突幾個類別。

第一章　辨識：父母和青春期孩子的對話「卡」在哪裡

1. 權力衝突：「不許這樣」VS「憑什麼不能」

當孩子有一天大聲對父母提出抗議或者反對意見時，大多數父母在這一瞬間感受到的是自己岌岌可危的話語權受到威脅：「完了，我說的話孩子不聽了。」假如你是控制型的父母，就會抓住這個權力不肯放手，拚命想跟孩子爭回控制權，比如會提出更加嚴格的要求，並且希望孩子完全聽從自己，受控於自己。

此時孩子感受到的就是很強的壓迫感，「父母總要逼著我按照他們說的去做！」而青春期的孩子剛好發展出一項新技能，即「違背性意願」，也就是說「不管你說什麼我都會反對」。其實這個技能也不是現在才有，孩子在 2 歲的叛逆期就曾經使用過，也就是說當孩子想要證明自己是個獨立的人，想要表達獨立意願的時候，會先說「不」。反正只要說了「不」，就代表我跟你不一樣。而青春期孩子進入第二個自我意識發展階段時，這項技能再次被啟用。為了表達他是個獨立的個體，有獨立意願，那麼他就會為了反對而反對，不管你說的對還是不對，他先反對了再說。

所以當針尖對上麥芒，一方要捍衛自己的權威，另一方要表達反抗，那麼衝突就不可避免了。

第一節　孩子叛逆、無法溝通的真相

2. 疆域衝突：
「我吃過的鹽比你吃過的飯還要多」VS「我要自由」

每一位父母都期待孩子能有一個美好的未來。在通向未來的路上，有的父母會很想把自己的經驗、判斷都傳授給孩子，生怕孩子走彎路。於是在大事小事上都會給孩子建議，並且干涉孩子的決定，當孩子想做出自己的選擇時，父母會非常擔憂，告訴孩子「不聽老人言，吃虧在眼前」，試圖以過來人的身分和經驗努力說服孩子按照他們的想法或建議去做。這在某種程度上體現了父母自己的焦慮，不敢給孩子自己去體驗、自己去做決定的機會。

而孩子進入青春期之後，對疆域界限非常敏感，他非常希望在自己的領域內能夠充分做主，並不特別在乎會不會「吃虧」，會不會「後悔」，對他們來說，當下能按照自己的意志做出決定，這件事情特別「酷」。而父母過多的建議和干涉，會讓孩子感到「領地」嚴重被侵犯，只要自己的疆域受到威脅，就會引發反抗。

3. 站位衝突：「你可以這樣做」VS「你不了解我」

有時候青少年向父母傾訴一件事情之後，父母往往會急於幫助孩子解決問題，或者給出自己認為是對的解決方案。但是現實中常常會發現自己吃力不討好，孩子還會反過來說「你根本不了解我」。父母不明白自己到底做錯了什麼，難道

023

自己說的不對嗎？其實跟青春期孩子溝通，對和錯不是最重要的，情感連結才是重點。

孩子：「媽媽，我不想上學，真的太睏了。」

媽媽：「怎麼可以不上學！讓你早點睡你又不聽。洗把臉就會有精神了。」

孩子：「哎呀，不要煩我！」

媽媽：「我怎麼煩你了！年輕人不是應該精神很好嗎？一早起來就無精打采的！」

孩子：「你一點都不了解我，就只會碎碎唸！」

父母站在解決問題的角度，而孩子站在內心渴望被理解的角度，父母可以嘗試「穿上對方的鞋」感受一下他當下的感受。當孩子表達「媽媽，我不想上學，真的太睏了」時，父母要想想自己是不是也曾在週一早上有千百個不願意去上班的情形呢？如果你的家人也這樣回覆：「你怎麼可以有這種想法呢？太不求上進了！」你可能會原地爆炸，火爆程度不知道比孩子的反應高出多少倍呢！當父母「穿上對方的鞋」之後，就很容易理解：孩子想表達的並不是一個決定，而是一種情緒。如果父母此時能夠理解孩子，並說出他的感受：「我知道你希望今天仍然是週末，能好好睡個懶覺！」孩子就會感受到父母的關懷，情緒指數自然會降低，會更加有動力去面對並處理自己的事情。

第二節　被孩子的青春撞了腰

一、「更年期」遇上「青春期」的事故現場

當更年期的父母遇上青春期的孩子，可能都會有被孩子的青春撞了腰一樣的那種又痛、又意外，還有一些無力的感受。這不僅僅因為青少年此時狂放不羈讓父母難以駕馭，還因為人到中年的父母也在面臨一個人生轉捩點，孩子是升騰向上的轉折，而父母是漸於收斂的轉折，當這兩個轉折碰到一起的時候，巨大的甚至相反的差異，都可能會為父母帶來困擾。

更年期父母與青春期孩子的異同

	更年期父母	青春期孩子
不同之處	成熟，冷靜	青澀，愛冒險
	由盛轉衰	由弱變強
	慢下來	快起來
	荷爾蒙下降	荷爾蒙激增
	趨於保守	渴望創新
	希望權威能繼續	開始質疑並挑戰權威
	嘮叨、持有「走過的橋比你走過的路還要多」的心態	不願意跟父母溝通，樂於跟同齡人交際
	挑三揀四、想控制	有主見、會對抗
	對孩子充滿期待	只想過自己想要的生活

第一章 辨識：父母和青春期孩子的對話「卡」在哪裡

	更年期父母	青春期孩子
相同之處	生活壓力大，容易焦慮	讀書壓力大，容易煩躁
	情緒不穩定，易激動	情緒不穩定，易衝動
	邁向人生新階段	邁向人生新階段

青春期就如毛毛蟲化繭成蝶的過程，牠一定要蛻下那一層繭殼才能獲得新生，要知道牠不停地把繭殼往下蛻的過程真的需要很用力，牠蛻開的是「一切」，並不是只針對父母，只是因為父母是孩子最親近、接觸最多的人，所以會首當其衝地感受到這一力量。他有可能會挑戰父母，可能會做與父母期望相反的事情，其實這一切都是他最簡單、最自然表現自己「與你不同」的方式。

如果家庭給了對的支持，那麼孩子就會經由1~5年的時間完成這個過程，並且回歸家庭的價值觀；但如果這個過程並不順利，就很可能會被「卡在」這個過程當中，這份叛逆就會延續到孩子成年。

我兒子喜歡養甲蟲，所以我得以親見幼蟲蛻變的過程，幼蟲的「蛹式」如果失敗了，這個個體就有可能死掉，也有可能終身都落下殘疾，每一次看到這個過程，都會讓我對生命、對成長的過程深深敬畏，每一次我都會聯想到青春期的孩子。

在現實生活中，不乏有很多青春期孩子的「蛹式」失敗，導致失敗的原因有很多，而家庭這個因素是父母最有可能掌

控的，也是最關鍵的，孩子的成長就在與父母的每一次溝通中逐漸完成。

每一次對話，父母都可以選擇是給孩子支持，還是讓孩子感覺更加糟糕。父母都會很用力地去愛孩子，但是愛的方向很重要，如果孩子想往南走，而父母一直拉他往北走，那麼愛就可能會成為障礙，甚至會變成傷害。

二、父母不再是孩子心目中的「超級英雄」

父母在孩子心目中曾經是無所不能的「超級英雄」，他們遇到任何事情，遇到困難，第一時間就是來尋求爸爸媽媽的幫助。媽媽做的菜總是最美味的，爸爸總能修好他的玩具，自己的媽媽最漂亮，自己的爸爸最有力量，即使天塌下來，有父母在身邊，就什麼都不用怕。因此，孩子對父母無條件信任、依賴。

可是不知道從哪一天開始，這一切都已成為過去，孩子開始質疑你的判斷，開始挑戰你的權威，開始說：「別問了，說了你也不懂！」父母彷彿跟不上他們的腳步，彷彿在他們的世界裡已經找不到自己的位置。

父母對於孩子的這種變化，往往是從驚訝到不服氣，從不服氣到氣急敗壞，很多父母對於自己在孩子世界裡權威和地位的動搖或失去會非常焦慮，越焦慮就越想抓取，但很可

惜的是，一旦想要抓取就意味著失去。

父母的心路歷程往往會經歷下面三個階段：

第一個階段：我就不信管不了你！

剛開始，父母為了延續自己在孩子心目中的權威地位和親子關係中的話語權，會動用作為父母的「尚方寶劍」：

「我是你媽（爸），所以你得聽我的！」

「我一把年紀閱人無數，還搞不定你一個小屁孩？」

然後就幻想著孩子可以重歸以前的乖巧可愛，對父母尊敬又遵從⋯⋯而事實上，絕大多數家長都會來到第二個階段。

第二個階段：難道我就管不了他了嗎？

當父母試圖用干涉、命令、說服、講道理等方法讓孩子聽從自己的建議和安排的時候，卻發現孩子的堅持和力量已經不容小覷，他會全力捍衛他的觀點，真的是全力，而不是努力而已，而且說起來頭頭是道，讓你一時之間不知如何反駁。此時的你深深地感受到什麼是挫敗和無力，或許你會第一次質疑自己是不是從此就會對孩子失去掌控，質疑自己是不是已經管不了他了。

第三個階段：難道真的不用我管了嗎？

有的父母在經過第二個階段之後，可能會發現之前所有控制孩子的方法都不管用了，這個失控的局面彷彿已成定

局。可是身為父母，當你看到他的某些行為或者某些決定不當時，仍然覺得需要盡父母的責任，要告訴孩子對錯，要讓他明白利害關係。可是一旦如此與孩子溝通，就又會重複上面的循環。父母會非常困惑，覺得管也管不了，難道孩子自此就再也不用去管了嗎？

三、青春期的親子較量，父母輸才是贏

很多父母說，在與青春期孩子這一番較量當中，竟然輸給了孩子。我想說，所幸你輸了，如果你贏了會是什麼狀況？

在《里約大冒險》(Rio) 這部電影裡，故事的主角是一隻藍色的鸚鵡，在牠小時候正滿心歡喜地想要嘗試生命中第一次飛翔時，卻被突如其來的陷阱毀掉了一切，從此這隻鳥就再也不會飛了。如果孩子在這個成長關鍵時期不能捍衛自己的權利和主張，那麼極有可能就會像這隻鳥一樣失去飛翔的能力。

我相信有一個觀點大家一定會贊同，就是父母養育孩子的終極目的一定是希望他能夠獨立自主，即使當父母不在他身邊的時候，即使當父母離開這個世界的時候，他都能夠很好地面對自己的生活。我相信這是所有父母的共同願望，沒有一位父母會希望孩子離開自己時什麼都不會做。然而，他能夠離開父母的這個能力是在什麼時候練習並且培養起來的呢？

就是在青春期。

他透過表達自己獨立的觀點,透過捍衛自己的權利,來完成他成為一個獨立的人的「確認」。如果這個「確認」的過程被摧毀,就好像《里約大冒險》裡的藍色鸚鵡一樣,牠雖有翅膀卻不能飛翔,也不相信自己可以飛翔。孩子便無法確認自己可以成為一個獨立的、有價值的個體。

沒有哪一個父母希望孩子在未來不敢爭取、不敢挑戰、不敢相信自己;沒有哪一個父母希望孩子在未來與主管的交際過程中只知道唯唯諾諾、俯首帖耳;沒有哪一個父母希望孩子在未來與另一半的親密關係中只會言聽計從、乖乖讓步;沒有哪一個父母希望孩子對所有的廣告或言論只會盲目迷信、從不質疑……

所以父母在與青春期孩子這場較量當中的「輸」是值得的,沒有讓這個「確認」的過程被中斷。然而,事實上這也並不是輸,而是父母這個角色在孩子成長中的退位,是在幫助孩子「確認」他已經有能力掌管自己的人生,父母可以放心地交給孩子來使用這個「權杖」了,然後只需把孩子人生的主場還給他並祝福他成為自己的英雄就可以了。

從這個角度上來說,父母的「輸」即是「贏」,是父母的智慧為孩子贏得了振翅的機會和空間。

四、「別讓我同學看見你」，
　父母成為不被待見的人

有一次，學員群組裡一位小學生的媽媽很煩惱地說：「這兩天孩子總是纏著我想辦生日聚會，好煩呀！」另一位國中生的媽媽回覆她說：「再過幾年，你想煩都沒機會了！」接下來就有一批國中生媽媽跟著稱是，頗有同感。

青少年不再需要你幫他舉辦生日聚會，也不需要你為他張羅跟夥伴們進行什麼活動，這還不算什麼，當你把他送去聚會的附近，他還會催促你「快走吧，別讓我同學看見你」。

為什麼突然間，父母就成了不受孩子待見的人？

其實孩子可能只是為了尋求同伴的認可，他不希望同學看到父母，不想讓他們認為自己是一個離不開父母的小小孩。在一個人的成長過程中，沒有哪一個階段會如同青春期一樣重視同伴關係。

著名心理學家艾瑞克・艾瑞克森（Erik Homburger Erikson）認為，青春期的核心發展任務就是建立自我同一性。自我同一性是青少年探索自己和他人的差別、了解自身、明確自己更適合哪種社會角色的過程。簡單來說，就是一個人會對「我是誰」「我會成為什麼樣的人」「我如何適應社會」等問題具有連貫統一的認知。

而同伴是青少年社會化發展的重要參照，同伴就好像一

面鏡子，在同伴的認可與評價的過程中，不斷地確定自己的角色「我是個什麼樣的人」，明確自己的價值感「我是不是被認可，是不是被需要，是不是有價值」。受同伴歡迎和認可的孩子，自我同一性建立的過程就會比較順利，而受到同伴排斥或否定的孩子，就會遭遇同一性的危機。

同伴是青少年成長中非常重要的支持，當他們面對青春期的困惑、焦慮和恐懼的時候，好的同伴關係能夠幫助他們緩解或減輕這些影響。

雖然同伴關係在孩子成長過程中如此重要，但並不代表親子關係無關緊要，或者不會對孩子成長有太多影響，恰恰相反，親子關係還會影響同伴關係。

孩子最初與人交際的方式、情緒管理的方式和對社會的適應能力都來源於親子關係，如果他在家裡是不被重視的，被挑剔的，就可能會造成孩子的低自尊，覺得自己不夠好，就會影響他的正常交際，他可能會去想辦法討好同伴或者不敢發展同伴關係。

而且青少年還會傾向於尋求與自己同一性內容差不多的孩子作為朋友，比如有的孩子從父母那裡獲得的價值資訊就是自己「很不好、很差勁」，那他也會去尋找與自己被認定的角色相當的同伴。

一方面，青少年的家長要理解同伴關係對於孩子很重

要,做到既不限制,也不過多干涉。另一方面,親子溝通仍然是孩子成長中非常重要的事情,要做到既不控制,又不忽視。

五、孩子說「憑什麼」,挑戰的是你的權威嗎?

在與青春期孩子溝通的過程當中,你時時刻刻能夠感受到叛逆和對抗。被青春期的巨浪席捲過的家庭,一切面目全非。很多父母會因此既憤怒又傷心,認為孩子的叛逆和對抗都是針對父母而來。

但其實,青少年只是想尋求獨立,並非想與全世界為敵。

然而很多父母仍然會感受到一種巨大的壓力,尤其是自己身為父母的權威正在極大地被威脅。其實往往受到「失去權威」威脅的僅僅是「權力影響力」部分而已,也就是以前很多家長更多以「我是你父母」的身分和權力來行使的影響力,他們只需要說一句「不行」,不需要任何理由,孩子就只能心不甘情不願地服從。而當孩子到了青春期,這種方式顯然不發揮作用了。

但父母大可不必焦慮,因為還有「非權力影響力」,父母的權威仍然在,而且這種權威根本不需要與孩子在爭奪權力的層面發生衝突,只需要掌握規律、調整方式,父母和孩子之間仍然有大把可以合作的機會。

第一章 辨識：父母和青春期孩子的對話「卡」在哪裡

權力影響力與非權力影響力

影響力是用一種別人樂於接受的方式，改變他人的思想和行動的能力。影響力有兩種，一種是權力性影響力，另一種是非權力性影響力。

1. 權力性影響力又稱為強制性影響力，它主要源於法律、職位、習慣、武力等。權力性影響力對人的影響帶有強迫性、不可抗拒性，它是透過外推力的方式發揮作用。在這種方式作用下，權力性影響力對人的心理和行為的激勵是有限的。

代表人物：張飛。在歷史故事中，一代梟雄張飛的死因是，他認為屬下抗命，痛打屬下，還下令威脅說如果第二天無法完成任務，就會殺掉他們。於是下屬懷恨在心，半夜將張飛殺害。

2. 與權力性影響力相對的另一種影響力是非權力性影響力，也稱非強制性影響力，它主要來源於領導者個人的人格魅力，來源於領導者與被領導者之間的相互感召和相互信賴。

代表人物：鄧不利多校長。在小說《哈利波特》中，鄧不利多校長德高望重，是一位仁慈、溫和、擁有絕佳洞察力的人，他了解並尊重每一個人，他沒有懲罰犯宵禁的哈利，而是如朋友般勸誡，他還為11歲的路平保守了一個最大的祕密。他為孩子們創造機會讓他們明白「決定一個人命運的不是他的能力，而是他的選擇」。

六、「你這樣下去怎麼得了」的預言會成真嗎？

青春期孩子很多表現都會讓父母擔心「以後他就這樣子下去可怎麼辦」。比如奇怪的著裝、與同伴不可靠的行為、與父母的對抗、情緒的衝動、懶散的作風、以自我為中心、不參與家庭活動、看上去沒有責任感等。

一方面，父母需要分辨哪些其實僅僅是因為孩子的決定跟父母不一樣，讓父母更感受到他向自己的權威發起了挑戰，所以父母擔心這種狀況會持續。比如他的穿衣風格跟父母的推薦迥異，比如他拒絕父母一起去打羽毛球的邀請，這些雖然會為父母帶來暫時的煩惱，但是如果不影響安全、健康以及未來發展，接納孩子可以有不一樣的決定，會讓父母和孩子彼此都鬆一口氣。

另一方面，有一些讓父母擔心的事情會隨著孩子的成長而發生變化。事實上很多「隧道期」的特徵並不會被帶出隧道。即使在「隧道期」，隨著孩子年齡的增長，他們的表現也會更成熟。比如10~14歲的孩子可能會為了反對父母而反對；但是15~18歲的孩子會在對抗中增加思考；而到了高三階段的孩子，如果之前的過程良好，那麼這個時候會呈現出獨立成熟的狀態，他不需要用反對父母來證明自己的獨立，當然也不會因為父母的權威而勉強認同。

如果在「隧道期」能夠建立起支持性的親子關係，那麼孩

第一章　辨識：父母和青春期孩子的對話「卡」在哪裡

子就會在「隧道期」結束時，重新認同家庭價值觀。而如果在「隧道期」孩子經歷的是被控制、被否定，那麼也有可能被「卡」在這個階段，那父母和孩子都將要花費更長的時間去走出「隧道期」。

正如繪本《小怪獸》所展示出來的隱喻一樣，每個年齡階段都有「怪獸」的表現，接納會讓他更順暢度過，直到他不再是怪獸的樣子回歸家庭，而那時候，父母可能變成了「老怪獸」。

練習：我的 13 歲與 30 歲

父母可以嘗試書寫自己 13 歲時候的樣子，以及自己 30 歲時在同樣的能力上或同類事情的處理方式，有什麼不同？體會一下其中的差異，正是「隧道期」的價值所在，這些都是父母和孩子在「隧道期」的必修課，而不是孩子一開始就具備的。

完成這個書寫，父母會對孩子多一分理解和接納。

舉例：我 13 歲的時候，爸爸幫我剪頭髮，結果很不滿意，我會哭鬧發脾氣，把剪刀扔到門外。

我 30 歲的時候，理髮師搞砸了我的髮型，我第二天會去跟他溝通如何補救，或者順便換個新髮型。

有價值的差異：與情緒相處的能力和解決問題的能力。

第二節　被孩子的青春撞了腰

我的 13 歲	我的 30 歲	有價值的差異
_____	_____	_____
_____	_____	_____
_____	_____	_____
_____	_____	_____

第一章　辨識：父母和青春期孩子的對話「卡」在哪裡

第三節　秒辨青春期親子溝通卡點

一、「量」化親子溝通的小工具

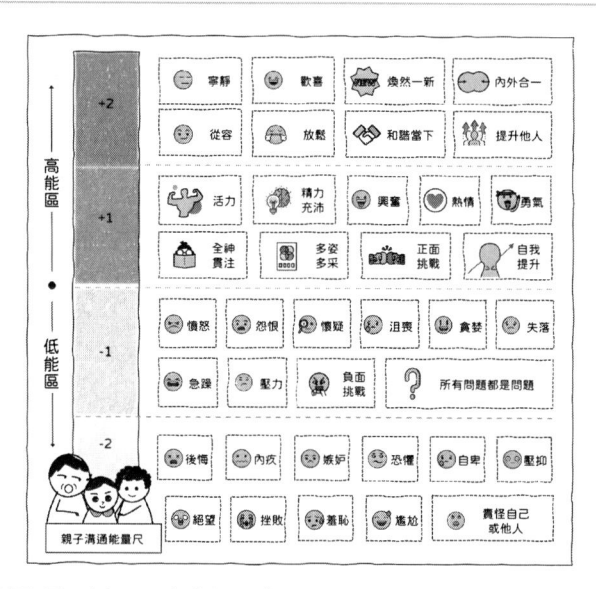

+2	寧靜	歡喜	煥然一新	內外合一
	從容	放鬆	和諧當下	提升他人
+1	活力	精力充沛	興奮	熱情	勇氣
	全神貫注	多姿多采	正面挑戰	自我提升
-1	憤怒	怨恨	懷疑	沮喪	貪婪	失落
	急躁	壓力	負面挑戰	? 所有問題都是問題
-2	後悔	內疚	嫉妒	恐懼	自卑	壓抑
	絕望	挫敗	羞恥	尷尬	責怪自己或他人

高能區／低能區　親子溝通能量尺

溝通是要架一座橋，讓父母和孩子可以走進彼此的內心。可是總有一些父母，他們經常使用的溝通方式，不僅沒有成為「橋」，反而成為「牆」，阻隔了與孩子溝通的途徑，而他們往往很難意識到，到底是哪些對話不小心製造了親子隔閡。即使聽過很多課，看過很多書，到了實際應用的時候，仍然很難運用。

第三節　秒辨青春期親子溝通卡點

我在這裡給大家一個實用的小工具，就是「能量尺」。用「能量尺」去衡量一下父母與孩子對話方式帶來的能量值，就會知道哪些方法是「橋」，哪些方法是「牆」了。能帶來高能量的溝通就是「橋」，可以繼續；而會導致低能量的溝通就是「牆」，需要及時叫停。

「能量尺」的原理可以參考美國心理學家大衛・霍金斯（David R. Hawkins）的能量層級理論，他認為所有存在的一切，不論是書籍、食物、水、衣服、人、動物、建築、汽車、電影、運動、音樂等，都有一個確定的能量級，都有一定的意識水準和能量水準。

物理學家已經證明，這個世界上所有的固體都是由旋轉的粒子組成的。這些粒子有著不同的振動頻率，粒子的振動使世界呈現出目前的樣子，人身也是如此。科學家已經測量過人在不同的體格和精神狀態下身體的振動頻率，發現人類各種不同的意識層次，都有其相對應的能量指數，人的身體會隨著精神狀況而有強弱的起伏。

語言能帶來情緒的改變，而情緒的改變會削弱或提升能量。

在生活中，每個人可能都曾經體會過「低能難為」的無力感。比如說有時很想做一件事，就是做不到。很多父母常常會恨鐵不成鋼，覺得自己說了這麼多遍，孩子就是改不了，

第一章　辨識：父母和青春期孩子的對話「卡」在哪裡

就這麼一個小小的要求，孩子怎麼都做不到。此時如果只論對錯，只會增加孩子的愧疚感和壓力感，會讓他的能量更低，更加沒有力量去做這件事。不管是大人還是孩子，讓他能夠有力量做事的一定不是道理，而是能量。

無法做決定、對未來充滿各種恐懼、安全感匱乏、特別在意別人的評價和反應等，都是低能量狀態下的表現。

我把前面的能量等級圖簡化為親子溝通中的一個可以隨時使用的衡量工具。這個能量尺分為四個顏色區，每一個顏色區都有一些情緒、行為或狀態的詞語描述。

+2 高能區：寧靜、感恩、從容、歡喜、放鬆、煥然一新、和諧當下、內外合一、提升他人。

+1 高能區：活力、精力充沛、興奮、熱情、全神貫注、多姿多采、正面挑戰、勇氣、自我提升。

-1 低能區：憤怒、怨恨、懷疑、沮喪、貪婪、擔憂、失落、急躁、壓力、負面挑戰、所有的問題都是問題。

-2 低能區：後悔、內疚、嫉妒、恐懼、自卑、壓抑、絕望、挫敗、羞恥、尷尬、責怪自己或他人。

下面透過幾個例子來對照一下圖表中的能量等級狀態。

「期末考試考砸了，肯定考不上國立高中了，回家一定會挨罵……」──沮喪、擔憂：-1 低能。

「我真沒用，總是做不好這些事情！」── 內疚、自卑、挫敗：-2 低能。

「我想挑戰一下，每天完成三組練習！」── 興奮、正面挑戰：+1 高能。

「好感謝生活無處不在的驚喜！」── 感恩、歡喜：+2 高能。

相信父母透過上面幾組例子，就能夠很直觀地判斷出哪種情況下孩子處於低能量狀態，哪種情況下處於高能量狀態。

二、用好吸引法則，青春期孩子不再難搞

高能量會創造更多的高能量，而低能量也會製造更多的低能量。

能量規律同樣適用於成年人，當一個人處於低能量狀態的時候，消極的想法就會多起來，情緒往往也會更糟，好像生活中真的是不如意事十之八九，什麼事情都不順心，然後發現自己的能量變得更低。

於是，人們可能會用購物、刷劇、吃東西的方式來宣洩，也可能會罵孩子、怨老公、恨社會，還可能會自怨自艾、自我攻擊，認為自己的人生很失敗。這些行為都會讓人的能量更低，從而進入「低能量循環」。

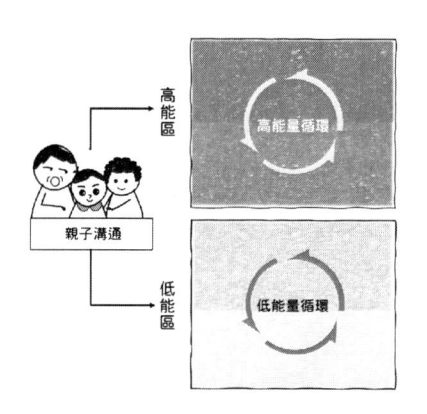

比如一位媽媽剛被老闆炒了魷魚,回到家,孩子又遞上一份 66 分的考卷,這位媽媽會是什麼反應?可能暴跳如雷,也可能萬念俱灰,心想,「生活怎麼可以這樣對我」?於是「低能量循環」就這樣被啟動了。

如果換一個場景,同樣是這位媽媽,今天剛剛升職加薪,遇見下雨時包裡有傘,停車剛好有位,回到家孩子遞上一份 66 分的考卷,她又會是什麼反應?她或許會說:「哇,這次比上次多了 2 分呢!」或者說:「這次沒考好沒關係,我們一起找找原因!」或者說:「人生考卷千千萬,這只是一時絆倒你的小石子⋯⋯」這樣的境遇下,是不是進入「高能量循環」的機率更高一些?

因此,能量模式是真正影響一個人的底層因素。生活中遇到的事情總會有好有壞,並不是每一次孩子的考試都能遇到父母的升職加薪,那就要看父母的能量模式是怎樣的。如

果父母有很多限制性思維模式，那不管遇到好事還是壞事，都有可能會進入「低能量循環」。

很多來訪的家長都提到一個困惑，就是孩子明明知道這個道理，明明知道努力讀書是對的，明明知道浪費時間在手機遊戲上是不對的，但就是做不到。

其實成年人也是如此，比如媽媽明明知道熬夜會傷害身體，可是到了晚上就是放不下手機。爸爸明明知道抽菸有害健康，可是說好的戒菸年復一年還是沒開始。

皆因為此時、此事，人還沒有足夠的心理力量去應對。前文提到《里約大冒險》裡的那隻不會飛的藍色鸚鵡，最後因為愛情的力量重振翅膀，這就是被激發，能量得以提升後完成了看似不可能完成的任務。

所以當孩子出現「知道卻做不到」的時候，可以觀察一下他的能量狀態，以及他低能狀態背後還有哪些心理需求。如果能量狀態是低的，父母要接納以他現在的狀況確實沒有辦法把事情做好的事實，可以先停一停，給他能量回流的時間。

三、掌握規律，完成親子「能量躍遷」

能量規律 1：連通器規律

父母和孩子在一起的能量值是雙方的平均值。高能量的一方才可以產生影響力，為對方賦能。

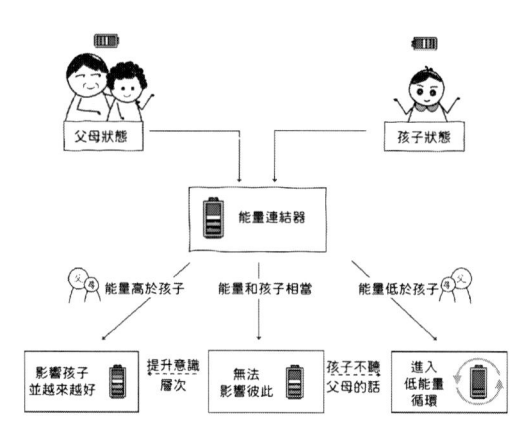

第一章　辨識：父母和青春期孩子的對話「卡」在哪裡

父母和孩子在一起的能量值是雙方的平均值

　　這意味著父母的低能量會拉低親子相處的能量平均值，而父母的高能量狀態也會為親子相處的能量平均值加分。在孩子和自己之間，父母更能有所掌握的是自己。有的父母說：「如果我確實就是處於情緒比較糟糕的狀態下，我還要強顏歡笑嗎？」其實壓抑自己的情緒去強顏歡笑，並不能提高能量，「壓抑」的狀態就是在低能量循環中。這時候「管」孩子不如「不管」，因為父母可能會把孩子拖進「低能量循環」當中。

　　同處在一個能量等級的人是很難影響對方的，如果父母的能量等級比孩子還低，就更加無法影響他。假如在衝突當中，父母跟孩子都處於情緒失控的狀態，就更沒有辦法去影響他，這時候要麼暫停，要麼想辦法調整自己，提升自己的意識層次之後再與孩子對話。如果孩子根本不願意聽父母的，很有可能是父母的能量等級比孩子還低。

所以不用管別人，先關注自己。如果父母不開心，孩子是開心不起來的。一個每天焦慮、內心壓抑的媽媽一定養不出真正從內而外快樂的孩子。

如果父母處於一個比較高的能量等級中，就更容易對孩子產生影響力。如果父母處在有溫度的高能量狀態，即使什麼都不做、不說、不提要求，孩子也會被影響，會變得越來越好。我的很多來訪家長都對此深有體會，我雖然不能為家長直接解決問題，但是他們學習一段時間後，往往就能發現問題已迎刃而解。

高能量父母是家裡的陽光，可以滋養孩子的成長，而低能量父母，每一句話都會讓孩子的天空飄過一片烏雲。

能量規律 2：傳染規律

能量不分好壞，都是會被傳染的。心理學上有一個很著名的「踢貓效應」（Kick the cat），就是當一個人的情緒變壞時，潛意識會驅使他選擇下屬或無法還擊的弱者去發洩。受到上司或者強者情緒攻擊的人又會去尋找自己的出氣筒。如此就會形成一條清晰的憤怒傳遞鏈，最終的承受者，即「貓」，牠是最弱小的群體，也是受氣最多的群體。

現代工作與生活的壓力都容易導致家長情緒不穩定，如果不能及時調整，就會身不由己地加入「踢貓」的隊伍當中，被別人「踢」和去「踢」別人。而孩子往往處於這個「踢貓」鏈

中比較末端的位置,如果爸爸向媽媽抱怨,媽媽就會對孩子發洩不滿。

生活中,每個人都是這個長長鏈條上的其中一個環節,遇到處於弱勢的人,都有將憤怒轉移出去的傾向。久而久之,就會形成惡性循環。好心情也一樣,如果你真的愛家人、愛孩子,為什麼不將好心情沿著這個鏈條傳遞下去呢?

做家庭關係的賦能者,而不是負能者;

對孩子產生影響力,而不是干擾力;

做孩子人生的貴人,而不是烏雲。

第四節
低能對話構築親子之間無形的牆

下面我將為大家拆解幾種親子之間常見的「築牆式」溝通方法。著名心理學家阿爾弗雷德·阿德勒（Alfred Adler）說：「所有地獄之路都是好的意圖鋪出來的。」

下面這些方法之所以經常被使用，是因為很多父母認為這樣可能對孩子好。但這些方法不僅讓他們無法與孩子溝通，還會引起孩子反抗、叛逆、衝突，成為孩子頭頂揮之不去的烏雲，導致孩子的能量值不斷降低。

一、「我已經說過一百遍了」──嘮叨：徹底堵住對話通道

美國著名作家馬克吐溫（Mark Twain）講述過這樣一件他親身經歷的事情。一次，他去聽一個牧師的募捐演講。最初，馬克吐溫被牧師妙語連珠的演講所吸引，對這個牧師精彩的演講暗自喝采，欽佩不已。這讓馬克吐溫很感動，因為教堂中的牧師很少有如此精彩的演講，於是他準備對這個教堂雙倍捐款。

過了十幾分鐘，這個牧師還在講，而且沒有結束的跡

第一章　辨識：父母和青春期孩子的對話「卡」在哪裡

象，而且他所講的內容已經不再讓人有耳目一新的感覺了，因為牧師在不停地重複之前講的內容，馬克吐溫慢慢地有些不耐煩了，於是他決定只把口袋裡面的零錢捐出來。

又過了十幾分鐘，牧師的演講仍沒有結束，還在絮絮叨叨地講個不停，把他前面講過的東西翻來覆去地講，沒完沒了，整個演講已經是枯燥無味，廢話連篇。但這個牧師在臺上仍然講得津津有味，下面的馬克吐溫聽得怒火中燒，恨不得衝上去把他轟下來，讓他徹底閉嘴。馬克吐溫決定，一分錢都不捐了。

又經過一番長久忍耐，演講終於結束了，開始募捐的時候，馬克吐溫真的分文未捐，憤而離去。

這種強調過多、過細、過強，時間過久而引起的讓人心理極度不耐煩，最後變成反抗或者對抗的現象被稱為「超限現象」。

父母如果把嘮叨變成日常，內容再正確也會變得沒有意義，經常被嘮叨的孩子，就會對此免疫甚至產生對抗。我們都要學會用恰到好處的提醒代替長篇大論的嘮叨，讓孩子處於想捐款 2 倍的狀態，而不是嘮叨到最後孩子早已厭煩至極。

研究發現，愛嘮叨往往是源自一個人過於自戀的心理，認為自己什麼都懂，什麼都對。對方只要不按照他的標準去做就是錯的，就應該被嘮叨。更可怕的是，有的人還會強行要對方表態，保證以後不再犯，或者讓其如何改正。這樣的

第四節　低能對話構築親子之間無形的牆

溝通方法在與青春期孩子溝通的過程中，一定會遭遇障礙。

父母經常嘮叨的內容多數都是指責與批評，有時候還可能會不經意地挖苦孩子，讓孩子感到厭煩、情緒低落，從而失去做事情的熱情和信心。

如果家長嘮叨了 100 遍，孩子得到的是：

100 遍的不滿 —— 我很不好，總是讓你不滿意！

100 遍的不信任 —— 如果你不嘮叨我，我就會出錯！

100 次的想要逃離 —— 又被抓小辮子了，真不想再見到他！

100 次的烏雲壓頂 —— 幾乎每一次都是父母情緒失控的開始！

父母的嘮叨是一堵牆，堵住了親子溝通的通道，讓孩子徹底失去與父母溝通的意願。

> 用能量尺來量一下，當一個孩子被嘮叨時，他的能量區域＿＿＿＿

雖然父母特別希望把自己的人生經驗全部都給孩子，特別希望孩子不要再重複自己犯過的錯誤，但是每個人的人生之路都要親自走一遍，如果只是循著別人的腳印，去過別人的生活，他也失去了來到這個世界的價值。比起犯錯的成本

第一章　辨識：父母和青春期孩子的對話「卡」在哪裡

來說，孩子失去自己體驗生活機會的成本更高，因為犯錯，他只是犯了一個錯誤，同時也收穫了經驗，而如果失去體驗的機會，孩子失去的是自我。

二、「你從來都沒認真過」——
　　否定：孩子偏就做不好給你看

每一個人都生活在關係裡，每一個人的成長都是在重要關係的對話中，不斷完成對自己的確認。一直到青春期，孩子自我確認的過程基本上會得到完成。

當孩子從重要關係的互動中獲得的資訊是肯定的，而這個資訊一次又一次地以各種形式被重複，這份確認就會成為孩子內心的篤定，不會輕易被困難和挫折動搖。

如果孩子從重要關係的互動中獲得的資訊是否定的，而這個資訊一次又一次地以各種形式被重複，這就會成為孩子內心確信不疑的限制，他會認為「我這麼糟糕的人，怎麼可能把事情做好呢」「失敗對我來說太正常不過了」。

可能有的父母會說：「我只是提醒他正視自己的毛病，盡量改掉這些毛病，並不想讓他認為自己不好呀！」心理學上有一個「粉紅色大象」效應，比如我現在說「不要去想一頭粉紅色的大象」，人們反而滿腦子都是一頭很奇葩的粉紅色大象。因為我表達的關注點就是在「粉紅色大象」上。不管你

第四節　低能對話構築親子之間無形的牆

前面是否加了「不要」「不要犯這個毛病」，其實跟「犯這個毛病」產生的效應並沒有任何區別。

如果父母總是對孩子說「你從來都沒認真過」，孩子偏偏就會馬虎給你看看，這不是他故意要對立，而是他被父母催眠了。一個被催眠了的「毛手毛腳」的孩子，拿起東西就會打翻，因為「這樣才正常啊，我媽說的，一定不會錯」。

每一位父母都希望孩子能夠有面對困境的信心，但有時卻吝於給孩子面對困難的勇氣。

威爾·史密斯（Will Smith）主演的電影《當幸福來敲門》（*The Pursuit of Happyness*）中有個片段，父親在最窮困潦倒的時候，還鼓勵兒子說：「如果你有夢想的話，就要去捍衛它。如果你有夢想的話，就要去努力實現。別讓別人告訴你你成不了才，即使是我也不可以。」這部電影取材自真實故事，主角是美國黑人投資專家克里斯·賈納。正是由於他有這樣的信念，才能在破產、失業等各種困境下一步步走出來。

父母是選擇做孩子的太陽，還是做孩子的烏雲呢？

> 用能量尺來量一下，當一個孩子被否定時，他的能量區域_____

三、「你再不……我就要」——
威脅：促使孩子將對抗堅持到底

家長的「威脅」，在孩子小的時候可能是一個立竿見影、即時見效的好方法。「你再哭，我就不要你了！」「你再不聽話，我就要揍你了！」這時孩子往往就會馬上乖乖聽從，即使心裡有一萬個不願意。但是對於青少年，他們就沒那麼容易被威脅了，這一招開始變得不管用，並且很有可能會引發孩子的對抗或頂嘴，「來啊，你打我啊！」這種火上加油的溝通隨時能讓家裡變成硝煙四起的戰場。

威脅是管教嚴重失控的體現。這其實是父母在告訴孩子，「我實在沒有別的辦法來應對我們之間的問題了」。

父母可能會認為「這孩子太難溝通，一言不合，就跟我頂嘴，真的是要造反了」。

我很能理解父母在跟孩子溝通無果時深深的無力感和挫敗感，但是我們還是要引導親子關係向著更好的方向發展。

先來看一下「威脅」對孩子來說意味著什麼。不管對於多大的孩子而言，威脅都是在培養「匱乏感」，「你做不到、做不好，就會失去，對於你來說沒有什麼是無條件的，所有的一切都是需要用你良好的表現來交換的。如果你做不好，就不配擁有父母的愛，如果你做不到，就會失去父母的愛」。

孩子身為家庭中的一員，卻沒有安全感，因為自由、父

第四節　低能對話構築親子之間無形的牆

母的愛、想要的東西好像都不屬於他，好像都會隨時離他而去。孩子要麼拚命「討好」去換取，要麼就否定自己，認為自己不配擁有。

而在青春期的孩子，可能會認為「如果你不願意給就拿回去好了」，所以在面對威脅，與父母發生衝突的時候，很少有孩子會做出傷害父母的事情，但他們會去傷害自己，這其實就是在告訴你：我不配擁有這一切，我把這些都還給你，反正我是你生的，你想怎樣就怎樣！

父母想要的是孩子的妥協，孩子想要的是能夠掌控自己人生的權利，而不是要面對那麼多不確定的愛、不確定的「施捨」。

還有一種空洞的威脅會讓孩子蔑視父母的權威。小時候父母跟他說：「再不好好吃，以後永遠都別吃飯了！」長大了父母跟他說：「不好好學習，你就只能去睡馬路！」時間長了，孩子會把父母說的話不當回事。而孩子越表現得不在乎，父母就越惱火，於是威脅就會更新，而孩子對此也會更加感到無所謂，直到有一天他選擇對抗。其實，親子之間的戰鬥，不管誰贏誰輸，都是兩敗俱傷。

> 用能量尺來量一下，當一個孩子被威脅時，他的能量區域＿＿＿＿＿＿

四、「你跟誰出去玩了？」──
盤問：孩子說謊的觸發器

當孩子不再是那個要跟父母手拉手才可以過馬路的小孩，他圍著父母轉的半徑就會越來越大。從小時候「媽媽，我可以去找××玩嗎？」的請示，到「我跟同學去看電影了」的禮節性告知，再到「我出去一下」的模糊告知。

很多父母會忍不住盤問：「你跟誰出去玩了？都去哪裡了？幹什麼了？」隨著父母盤問次數的增多，就會發現孩子的回答越來越不耐煩，甚至會變得越來越遠離事實。

得不到真相的父母就會更加焦慮、緊張。

結果就是，一個更想逃離這個半徑，一個更想縮小這個半徑。於是拉扯和對抗不可避免地發生了，在雙方角力的過程當中，會讓孩子離父母更遠。比如他會用更晚回來的方式，嘗試更多父母限制的事情來做對抗。

大多數父母的困惑和委屈在於：如果我不管不問，孩子學壞了怎麼辦？在孩子人生中這麼關鍵的時刻，我怎能袖手旁觀，看著他走下坡路呢？

之所以盤問孩子，父母想要表達的是關切之心，而孩子感受到的是什麼？是不放心、不信任，還有干涉。而對於青春期孩子來說，這幾點都是他們最重要的、想要向世界表明的立場，「我已經長大了，我不需要被過度照顧，我是一個

第四節　低能對話構築親子之間無形的牆

值得被信任的人,我有自主決定的權利,不願意被干涉、被束縛」。當父母盤問的時候,無疑是在搶走孩子的這幾個「寶貝」。孩子在捍衛自己的「寶貝」的時候,就很可能會採用撒謊、掩飾的辦法,而且可能因捍衛過度,變成叛逆,「你不讓我做的事情我偏要去做」。

這種不信任是一種否定,就好像在告訴孩子:「如果沒有我們的監管,你就沒有辦法管好自己,你就會變壞、會變得很糟糕。」

美國心理學博士、親子溝通之父海姆‧吉諾特(Haim G. Ginott)博士說:「孩子的感覺與行為之間有著直接的連繫,好的感覺會引發好的行為,孩子的感覺良好,自然會通情達理。」

當一個孩子走出家門的時候,如果處於低能量狀態,那麼他接下來進入低能量循環的可能性會更大。反之,如果孩子走出家門的時候,得到的是父母大大的擁抱和信任的眼光,孩子接下來的時光是高能量循環的機會就會更多。父母總有一天會無法像之前一樣,對孩子一切動向、活動、朋友都瞭如指掌,他終將走向一個父母不確知的世界,但是可以確定的是,當他不再花精力與父母對抗的時候,當他不再覺得自己很糟糕的時候,也就會對自己的行為有更恰當的管理。

> 用能量尺來量一下,當一個孩子被盤問時,他的能量區域_____

五、「你要多向 ×× 看齊」──
比較：中傷孩子價值感的利刃

父母口中「別人家的孩子」，已成為很多孩子成長過程中最討厭的人。

比較就是在時刻提醒孩子「你做得不好，你做到的都毫無價值，你沒有的才真正重要」。

比較的對象通常有三種，第一種最常見的是與身邊的人比，比如親戚、鄰居、同學；第二種是比較對象距離較遠，如電影裡的主角或者別人虛構出來的「有的孩子」；第三種可能很容易被忽視，就是跟孩子小時候比。很多父母會認為小時候的他也是他，說他小時候好，不是也在誇他嗎？但是孩子接收到的資訊可能是「我越來越不好，越來越讓父母失望」，畢竟當下的他才是真正的他。

不管是怎樣的比較，都會讓孩子產生價值感匱乏。

還有一種愛子心切式的「比較」，就是誇孩子比別人好。那是不是反過來比較就會讓孩子能量高起來呢？「比」字是兩面刃，不管朝向哪一邊，其實對孩子來說都是傷害。

開始時，孩子或許會因此獲得一點優越感，也會感覺很有能量，但是這是虛假的能量。比如說「這次你超過 ×× 了，你太棒了」「他們都沒有你做得好，這次比賽你得分最多」。可是之後一旦某一次考試沒有對方考得好，沒有對方得

第四節　低能對話構築親子之間無形的牆

分多,那孩子的優越感和積蓄的能量就會瞬間坍塌。當時對別人有多少的鄙視、不屑,現在就會同樣地回到孩子身上。而且喜歡跟別人比較的人,情緒容易不穩定,起伏很大,像是在坐雲霄飛車,忽高忽低。時而因為比較而獲得一些虛假的滿足感,時而因為比較而又跌到情緒的谷底。

不管哪一種比較,都是把自己的價值捆綁在別人身上,有捆綁就會不自由,別人的變化很大又無法控制,那麼就會引起更多的無力感。

> 用能量尺來量一下,當一個孩子被比較時,他的能量區域＿＿＿＿

057

第一章　辨識：父母和青春期孩子的對話「卡」在哪裡

第二章
清障：拆牆建橋，
與青春期孩子這樣對話

父母與青少年孩子之間經歷的可能是假溝通？有愛流動的對話才能實現真正的溝通，透過簡單三步驟就可檢驗出親子之間是否是有效對話。本章透過日常、情緒、學習與交際三大場景、九個典型案例，總結出有效對話的具體方法。

第二章　清障：拆牆建橋，與青春期孩子這樣對話

第一節　你們的談話可能是假溝通

讓愛在溝通輪中轉動起來

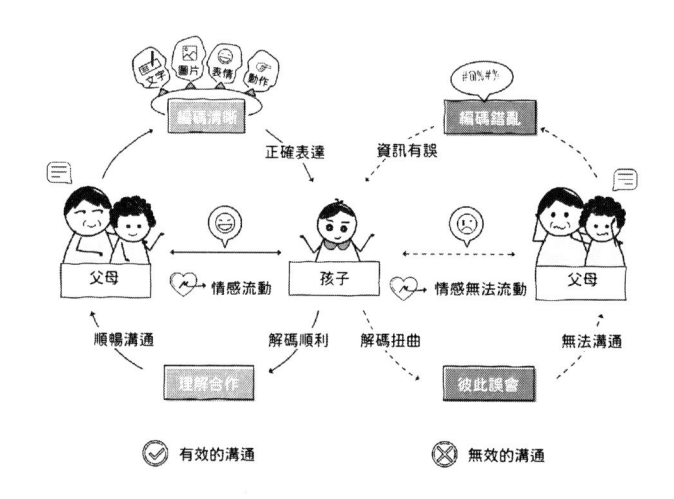

說到與孩子陪伴及溝通，很多父母都會覺得很委屈，認為「我真的有陪伴呀，可是他都把門關上了」「我真的有溝通啊，可是他什麼都不跟我說」。其實父母與孩子的很多溝通都不是真的溝通，只有溝通之名，無溝通之實，或者是假溝通，在傷害孩子而不自知。

什麼才是有效溝通？怎樣才能分辨你們當下的對話是不是假溝通？

第一節　你們的談話可能是假溝通

溝通是透過語言或其他形式，如文字、圖片、動作、表情，將一方的資訊、意見、態度、知識、觀念乃至情感，傳達給另一方，對方接收並有所回饋的過程。

有效溝通應該是流動的狀態，父母與孩子之間有資訊的互動和回饋，並且在這個過程中有良好的情感的流動。

每個人都生活在關係裡，每個人都生活在對話中，父母與孩子之間也不例外。正是一次次對話、一次次溝通構成了家庭生活，形成了親子關係模式，也建構了父母和孩子在一起的那段人生。

如果溝通輪卡住，父母傳遞給孩子的任何資訊都會被卡住，包括愛。只有溝通輪轉動起來，愛才可能在對話中流動起來，而且只要溝通輪正常轉動，在這樣的溝通裡才可能激發出更多的愛。

在這裡給大家一個辨別假溝通的工具，如果父母與孩子的溝通沒有達成以下三點，那有可能就是假溝通。

驗「假」機
1. 有沒有達到溝通目標。
2. 有沒有讓親子關係變得更好。
3. 有沒有讓溝通輪轉動起來。

比如你與孩子本來要溝通手機的使用問題，結果兩個人吵了一架，手機也摔了。那既沒有達成溝通目標，也沒有讓關係變得更好，溝通輪卡住了，這就不是有效溝通。

二、「罵也是為你好！」愛為何會面目猙獰

一位兒童心理學家說：「好父母嘴上都有一條拉鍊，從不對孩子隨心所欲地說話。」

一個人對上司說話會斟酌利害，對朋友說話會照顧對方感受，甚至對陌生人說話都會注意自己的措辭。可是當一個人對自己的孩子說話的時候，卻常常隨心所欲、張口就來、不假思索，最後，看著孩子沮喪、哭泣、恐懼或者難過的樣子，還會補充一句「我這都是為了你好」！

「為你好」變成了大人毫無顧忌傷害孩子的擋箭牌。

「這麼簡單的題目還要想這麼久！你腦袋是幹嘛用的？」

「都這麼大了，還為這點小事生氣，真沒出息！」

「我是不是說過了？你這麼做就是不行，看吧，嘗到苦頭了吧！」

賴佩霞在某個電視節目中說過一句話：「你滿嘴是愛，但為何卻面目猙獰？」打罵、數落、責備甚至羞辱，這就是愛的模樣嗎？當孩子用同樣的方式「愛」他的兄弟姐妹，或者「愛」父母的時候，父母能接受嗎？

那真相是什麼？很多父母並不是為了孩子好，只是因為孩子是弱者，是能夠去施虐的對象，他在家裡無處可逃，只能聽父母說，所以可以任由父母發洩自己的情緒和不滿，以及證明自己「對」的機會。這是很多父母內心未被療癒的部

分在向孩子攫取。所以,當孩子長大了,有能力掙脫、反抗的時候,他會對父母這種愛的方式說「不」,有的還會離家出走,逃離父母的控制。

用驗「假」機來檢驗一下這類溝通是不是真的溝通呢?

檢驗一下,這樣的溝通是真是假
溝通目標:幫助孩子掌握題目,讓孩子能夠累積解決相似題目的經驗。
溝通1:「你怎麼這麼笨!這麼簡單的題目還要想這麼久?」
目標達成 X
關係更好 X
溝通輪流動 X(假溝通)
溝通2:「這種題目藏得滿深的,不容易看到數量之間的關係,我看到你已經找到其中的一組了,再仔細想想還有沒有更多?」
目標達成 √
關係更好 √
溝通輪流動 √(真溝通)

以「溝通1」為例,當一位家長說孩子「你怎麼這麼笨」之前,他想要溝通的目的是什麼?是幫助孩子掌握這道題目,讓孩子能夠在相似題目的解決上累積經驗。那麼當他說出「你怎麼這麼笨」的時候,溝通是不是已經偏離了目標?他想要達成的目標,已經被羞辱孩子、發洩自己的不滿情緒而取代。

對於孩子來說,這樣的溝通會讓他們感到被羞辱,覺得自己很糟糕,在這樣的情緒狀態下,他們也沒有辦法繼續正常思考了。毫無疑問,親子關係也越來越疏遠,孩子此時恨不得在

父母眼前消失才好,溝通輪自然也無法轉動。所以,是假溝通。

檢驗之後會發現,這樣的溝通三條標準都沒有達到。

如果換成「溝通2」的方式,「這種題目藏得滿深的,不容易看到數量之間的關係,我看到你已經找到其中的一組了,再仔細想想還有沒有更多?」這樣的溝通是不是貼合父母的目標?這樣的溝通就是在幫助孩子掌握題目,讓孩子能夠累積解決相似題目的經驗。在溝通過程中,父母沒有加入自己的情緒,沒有表達不滿、指責和批評,因此孩子的感覺是良好的,父母與孩子保持了良好的溝通狀態,並且可以促進溝通輪轉動起來。這樣的溝通才是真溝通。

父母要看清楚溝通目標,假如溝通已經偏離了目標,要及時對自己喊停。當自己的情緒不好的時候,並不是表達越多越好,閉嘴才能停止傷害。

語言暴力是親子關係的「黑洞」,對孩子的傷害和影響遠比肢體暴力更嚴重。這樣的溝通會讓孩子產生無能感,甚至報復心。經常在語言暴力環境下成長的孩子性格會存在缺陷,變得自卑、冷漠、懷疑、孤僻,甚至具有暴力傾向。

三、句句都是結束語的空心對話,錯失連結

很多青少年的父母都曾遭遇過試圖與孩子溝通,但是幾乎每句話都走向聊不下去的零溝通。

第一節　你們的談話可能是假溝通

所以，有的時候親子對話雖然是進行了，卻無法實現溝通輪的轉動，仍然是假溝通。常見情形有以下幾種：

1. 孩子對家長的無聲抗拒

對話一：

父母：「中午在學校吃得怎麼樣？」孩子：「就那樣。」

對話二：

父母：「今天的電影好看嗎？」孩子：「還行。」

對話三：

父母：「馬上就要期末考試了，好好準備，努力考出好成績！」孩子：「知道了。」

對話四：

父母：「你什麼時候去寫作業？」孩子：「快了！」

對話五：

父母：「你跟同學講電話沒完沒了，怎麼跟我說話就像在作簡報啊？」孩子：「煩死了！」

……

著名心理學家海姆・吉諾特在《父母與青少年之間》（Between parent and child）一書裡提到，「身為父母，人們的需求就是被別人需要；身為青少年，他們的需求就是不再需要父母。這種衝突真實地存在著，在父母幫助自己最愛的孩子走向獨立的每一天都在不斷地經歷它」。

第二章　清障：拆牆建橋，與青春期孩子這樣對話

在青春期到來之前，父母參與了孩子的大部分生活，孩子的一舉一動都是父母心裡的牽掛。而青少年似乎對父母無微不至的關懷越來越不耐煩，甚至是抗拒。

2. 說了也沒用的「放棄溝通」

父母：「這個書桌你喜歡嗎？」孩子：「還好。」

父母：「你喜歡黃色還是藍色？」孩子：「隨便。」

父母：「到底哪一個？」孩子：「你決定吧。」

如果在以往的親子溝通中，父母總是用強勢控制局面，想辦法說服孩子認同自己的想法，孩子的意見和想法總是得不到尊重，就可能會出現這樣的情況。孩子會認為，「我的意見有用嗎，反正你們也不聽，說了也白說」。

對話一：

孩子：「這些題目太難了！」父母：「難什麼呀，其他學生不都是這麼學的嗎？」

對話二：

孩子：「我不想參加演講比賽，無聊！」父母：「怎麼會無聊呢？這是非常好的鍛鍊機會呀，錯過了多可惜！」

父母常常以自己的經驗，或者更合乎情理為由，而否定孩子，這就為孩子累積了負面的溝通經驗，那就是「說了也沒用，不如不說」。

3. 父母的目的性昭然若揭

如果父母跟孩子的溝通中，三句話不離讀書或其他要求，他們早就摸清了父母的套路，心想，「你接下來還不是要說這個」，甚至父母說上句，孩子心裡都已經能猜出下句了。所以根本沒有想要跟父母溝通的意願，甚至會想著早早結束對話，找個藉口上廁所或者岔開話題。

4.「你的話讓我沒法接」

有一次我嘗試跟孩子聊一個話題，聊了半天都是我在說，鬱悶不已的我問他：「你怎麼不回答呢？」兒子很無奈地看了看我說：「你的話讓我沒法接。」

我馬上停下來回憶之前的話，原來在我說的話中透露出了抱怨，而抱怨式的溝通往往讓話題無法繼續。

「我花了這麼大功夫為你做午餐，你卻一口都沒吃。」
「你就沒有考慮過媽媽的感受嗎？」
「你什麼時候才能成熟一點？」

5. 父母只說自己想說的

父母常常會有很多「知心話」想要傳遞給孩子，可是往往陷入父母口若懸河，孩子一言不發的單向溝通的窘境。溝通不是父母只顧著說自己想要說的，把自己認為「對的」話說完就完成了。

第二章　清障：拆牆建橋，與青春期孩子這樣對話

最常見的親子之間的單向溝通往往是以命令、說教、建議或講道理的方式呈現的。

「我跟你說了，這樣的讀書方法是不行的，效率太低了，你應該⋯⋯」

「說了多少遍了，放學回家先寫作業，怎麼總是做不到呢？」

「你都13歲了，不是小孩子了，這些道理要能夠明白。」

這樣溝通的結果往往就是「溝」而未「通」，達不到溝通的目的，沒有辦法讓孩子在溝通中獲益，而且還會堵住父母與孩子溝通的通道。溝通的意義在於孩子的回應，這是因為只有當孩子有反應的時候，溝通輪才能真正轉動起來，溝通才能很好地進行。

6. 你的敷衍我看得見

即使青春期孩子很叛逆，但他也一定在很多時候是願意跟父母溝通的，可是當孩子與父母溝通時，父母又是否給予了足夠的重視？

有時候你可能正在忙，於是說：「行，你決定就好了！」

可能你正在回同事的簡訊，於是說：「我現在沒空，你自己看著辦！」

或者你對孩子的話題完全不感興趣，只敷衍說：「嗯，啊，知道了！快去寫作業吧！」

第一節　你們的談話可能是假溝通

所以當孩子用「簡報語」回應父母的時候,父母也要反思一下,在過往與孩子溝通的時候,有沒有出現過上面的不在乎的情況?

孩子在用「簡報語」告訴父母:「我的敷衍其實是跟你學的。」敷衍對話方式會讓父母錯失與孩子連結的機會,長此以往,孩子不僅失去了與父母溝通的意願,而且也習得了父母的敷衍態度。

檢驗一下,這樣的溝通是真是假
目標達成＿＿＿＿
關係更好＿＿＿＿
溝通輪流動＿＿＿＿

第二章 清障：拆牆建橋，與青春期孩子這樣對話

第二節　有效對話場景一：日常

一、孩子的房門父母敲不開，學會「拉鍊原則」

【普遍版】

媽媽開心地對剛放學的孩子打招呼：「放學回來啦！」

孩子很敷衍地「嗯」了一下，回到自己房間「砰」的一聲關上了門。

「關門幹嘛？」「反正不是在做壞事！」

媽媽端著一盤水果敲門說：「吃水果囉。」

他開個門縫，接過水果，關門。或者直接說：「不吃，別煩了！」

傍晚爸爸來敲門說：「下樓去散步吧？」

「無聊，我不去！」

【衝突版】

「你怎麼整天關門呢？」「我關門礙到你們了嗎？」

「怎麼跟大人說話呢！」「我說錯了嗎？」

「你給我出來！」孩子怒氣沖沖地開門：「想幹嘛啦，煩死了！」

第二節　有效對話場景一：日常

「沒事就別關門！」「我連關門的自由都沒有了！我在這個家裡還能幹什麼！」

【暴力版】

「開門！」「什麼事！」

「一直關門，有什麼見不得人的！」「真無聊！」

「你說誰無聊！你出來說清楚！」「我什麼也沒做，信不信由你！」

「你要造反了！」拆門、撬鎖……

孩子到了青春期不約而同地會有一個共同的行為，就是關門或鎖門。放學回家第一件事就是把自己鎖在房間，跟父母說話時一言不合就把父母關在門外。

「關門」對於孩子來說，跟小獅子到了一定年齡會撒尿劃地盤一樣自然而然。這是在空間上拉開與父母的距離，以此來確認自己的長大和獨立，同時他也更加關注自己的隱私，不希望自己像透明人一樣讓別人乃至父母一覽無遺。

而父母感受到的是一扇冰冷的門，以及被果斷拒絕後的火冒三丈。

不要小看這一扇門，好多家長向我求助諮詢都是因為某一次的「關門事件」沒有處理好，導致衝突急遽升溫。

孩子之所以會對抗，是因為很多父母在這件事情上旗幟鮮明地跟孩子站在對立面上了，這是「我要關門」和「不許關

門」的權利之爭。如果父母簡單粗暴地使用「權力影響力」踢開了門，撬開了鎖，父母一時的怒氣發洩了，但是孩子會走向進一步憤怒的巔峰，並且會徹底對父母關上心門，孩子會認為自己的尊嚴和自由被踐踏，對自身價值產生懷疑，「我在這個家到底有什麼意義」「什麼都要被干涉，那我還為什麼活著」。

父母這樣的做法不僅嚴重傷害了孩子的自尊，還會把孩子從只是青春期的正常表現推向真正的叛逆。孩子會在其他事情上表明自己的態度和立場，父母希望他做的都不去做，父母不希望他做的，反而都要去做。這種叛逆的後果是父母都不願意看到的，那時候才是真正失控，這條路一旦走遠，就很難挽回。父母只圖一時痛快或一時衝動而強行干涉，會讓這輛在高速公路上急駛著而沒有煞車的跑車，嚴重偏離軌道，甚至發生車禍。

與青少年溝通，父母要學會的第一件事是「拉鍊原則」。有一位從事家庭教育多年的老師說她在孩子 14 歲的那一年忍了一年多，給孩子關門的自由，不干擾，倒也相安無事。一年後，孩子走出門再度跟父母聊天。當父母明白這是孩子青春期的表現之一，就不會那麼急於去干涉，因為只有順利過渡，他走出來重歸家庭這件事才會指日可待。

「拉鍊原則」就是如果看到孩子不盡如人意之處，特別想

說幾句，但是目測一下一定是在能量尺低循環中的，那就趕緊在嘴上拉上一條拉鍊，如果實在忍不住還想說，就替拉鍊再加把鎖。

但管住嘴從來都不是一件容易的事情，在這裡給大家一個做手勢提醒的小竅門，可以用於提醒自己，也可以作為夫妻間默契的相互提醒。

步驟1：想說，拉上拉鍊。（手勢：左手微握拳後，伸直大拇指和食指放在嘴邊。）

步驟2：忍不住說，替拉鍊再加把鎖。（手勢：保持上面的動作，勾一下食指，不行就再勾一下。）

這個方法雖然看上去簡單，卻不容易做到，一旦做到了，父母就會發現親子關係的變化。有的家長可能會擔心，「真的就這樣不管他了嗎」？「無為」並非「不為」，是順應孩子這個階段的發展需求，是父母退出，把空間還給孩子的一個代表性改變。一起來實踐吧！

在這裡需要注意的是，如果孩子的房間有電腦和手機，父母需要用「非權力影響力」的方式恰當溝通，確定雙方認可的合理使用的方式和時間。

二、孩子總是頂嘴，學會「棉花法則」

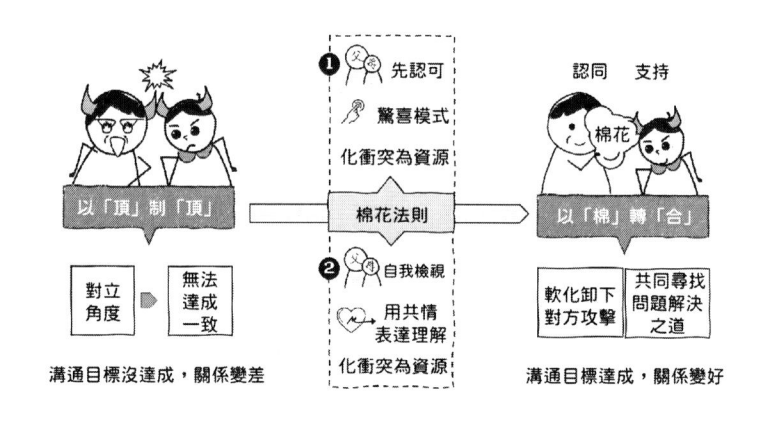

「父母說一句，孩子頂十句」，家有青少年的父母可能都會不同程度地經歷過這樣的場景，很多父母都會很無奈又惱火：「我沒辦法跟這個孩子好好說話，一說話就頂嘴，有夠氣死人！」

確實，當兩個人站在對立的角度，是不可能達成一致的。但別忘了只有一個人的「頂嘴」是爭吵不起來的，所以，需要用「棉花法則」幫父母把與青少年的衝突化「頂」為「合」。

「棉花法則」就是在衝突當中，不以「頂」制「頂」，而是用「棉花」軟化或打消對方衝撞的攻擊性，緩和後再行對應的解決之道。正如在合氣道中，從不與對手發生正面力量的對抗和衝突，而是把對方的力量引導至無威脅的方向。以下介

紹了「棉花法則」在青少年「頂嘴」常見的兩種不同情況下如何使用：

1. 孩子頂嘴，其實是為了證明他「學識過人」

隨著青少年自主思考、獨立判斷能力的增強，他們有時會有強烈的表達不同觀點或立場的意願，以此來證明自己是獨立於父母之外的個體，有時會展示他們的「學識過人」，比如他知道的比父母多，或者指出父母的邏輯漏洞，或者話語上的某些不嚴謹之處。

這種情況下，父母首先要在「被冒犯」的感受中釐清思路，這種「頂嘴」僅僅是孩子有跟父母不一樣的觀點而已，或許他有冒進、偏頗或者幼稚的一面，但這不正像他小時候第一次畫爸爸媽媽的時候一樣嗎？笨拙可愛，畫出來的模樣可能非常奇怪可笑，但是父母並不會覺得被冒犯。是因為父母足夠寬容，能夠容納這是孩子的表達、探索，並且看到孩子的進步：「你看，他會畫圓了！」而且還會鼓勵他繼續做得更好。

現在也沒有什麼不一樣，如果父母足夠寬容，就能接納這是孩子的表達、探索，並看到他的進步：「你看，他的思辨能力越來越好了！」同時鼓勵孩子繼續擴充知識。

而且，父母應該感到開心的是，一定是因為自己營造了一個安全的、開明的、可溝通的家庭氛圍，孩子才會願意表

達自己,而不是三緘其口。如果孩子在表達觀點的時候被打擊,也只會選擇趨吉避凶,閉口不言。更可怕的情形是孩子不敢頂撞、懶得頂撞。這樣的話,親子之間的牆會越築越高,而孩子在未來的工作和社會交際中,可能也會變成一個不敢表達自己觀點的人。

運用「棉花法則」即不管孩子的觀點父母是否認同,先表達對他思考的認可,然後開啟「驚喜模式」,比如「這確實也是一個很好的角度」「你能夠這麼全面地考慮這個事情,真的很棒」!「這個觀點我沒聽過,你繼續說,我很想聽聽」!當孩子收到這樣的接納和認可,他再去表達自己的觀點的時候,便不會用對抗的方式,很可能會變成積極的探討。心理學博士安格利卡·法斯說:「爭執能幫助兒童變得自信和獨立,在對抗中他們感覺到自己受到重視,知道怎樣才能貫徹自己的意志。」「棉花法則」可以有效地幫助父母化衝突為資源。

2. 孩子頂嘴,是與父母的溝通經驗所導致

20世紀德文小說家卡夫卡(Franz Kafka)被稱為「壓抑的天才」,他的父親總是想方設法用自己的標準來控制兒子的成長,父親會專橫地否定卡夫卡的意見,用一句「不要頂嘴」和揮拳的動作把他嚇得噤若寒蟬。父親的話語霸權過於強大,將兒子置於弱者的地位。卡夫卡在那封3.5萬字的長信《致父親的信》(*Letter to His Father*)中寫道:「我的寫作都是圍繞

著你,我的寫作不過是在哭訴我無法撲在你懷裡哭訴的話。」可見,卡夫卡成人後,用很長時間來面對父親的壓抑教養方式對他所造成的影響。

如果一個青少年在過去與父母的溝通中累積了很多不好的體驗,比如被控制、被指責、被罵,那麼極有可能就會在與父母的溝通中,隨時豎著耳朵警惕以待,父母說一句話,他就已經準備好要保護自己,並開始反駁。比如父母說「今天作業做了沒?」孩子心想,「又要說我不趕快寫作業了」,於是馬上就還口:「你有看到我偷懶嗎?這麼一大堆作業,不是我做的是誰做的……」

或者孩子說什麼,父母經常反對、不屑或者語氣不好,相當於父母教會了孩子這樣的溝通方式,比如當孩子放學說:「媽媽我餓了!」媽媽說:「誰叫你吃飯的時候不好好吃,現在知道餓了?」「餓了就知道找媽媽了,平時理都不理,把我當透明人!」「快點去寫作業吧!」

孩子從父母這裡學會的溝通方式也會有樣學樣,總有一天會用在與父母的溝通中。

氣急敗壞並不能讓孩子更尊重父母,而「棉花法則」可以讓親子關係在衝突中重建。當父母意識到孩子是因為對父母有對抗情緒才會有衝撞之詞,就可以一方面檢視一下親子關係是否出現了上一章內容中所提到的「卡點」,另一方面用共

第二章　清障：拆牆建橋，與青春期孩子這樣對話

情來對孩子表達理解，比如「上了國中後作業確實多了很多呢」，當孩子的「小牛角」撞到「棉花」上，力道自然會被軟化，父母的耐心和冷靜是對孩子最好的身教。

孩子積極地表達自己是好事，只是表達的時候如果方式不得當就會變成頂嘴。當緊張氣氛緩和之後，父母還可以與孩子探討一下，怎樣才能達成有效溝通，怎樣才能達到自己的溝通目標。如果用頂嘴的方式，帶來的是與父母的對立，難以達成溝通目標，而且會讓親子關係變糟糕。而有效溝通的結果，不僅可以很好地表達想要表達的內容，還能獲得父母的認同和支持，親子關係也會因此更好，那是不是一件很棒的事情呢？

「棉花法則」：以「棉」化「頂」，觀點不同時宜「驚喜」，關係宜「共情」。

三、孩子敏感得像刺蝟，學會「人事分離」的評價方式

父母：「你能不能不這麼邋遢呀，把房間收拾乾淨再寫作業多好！」

孩子：「你就是看我不順眼，什麼事都能被你念半天！」

父母：「我不就說這麼一句嗎？」

孩子：「可是你什麼事情都要說，一下子說我邋遢，一下子說我拖拖拉拉，一下子說我不負責任，在你眼裡我就沒有好過！」

父母:「我說了嗎?我不就是叫你收拾房間而已嗎?」
孩子:「你說的還不夠多嗎?!」

青少年敏感得像個刺蝟,說不定哪一句就會引爆這個炸藥包,哪怕以前父母經常這樣說,孩子都沒有表現出有什麼不高興,但是一旦到了青春期,這些話就會讓他們聽起來特別刺耳。

甚至有的家長說,「都別提跟他說話了,有時候看他一眼,說不定都會被看到爆炸」。

青少年怎麼會這麼敏感呢?父母們困惑、胸悶又委屈。孩子到了青春期確實會有一個「自我感受放大鏡」,他會認為大家的眼睛都在看著他,如果在課堂上有一道題沒有回答出來,他會覺得全班同學都在嘲笑他,會整天芒刺在背;如果自己做了一件糗事,他會感覺那些一同說笑的同學都在談論他是如何出醜的。同樣,父母的一句話、一個眼神可能都會被孩子放大理解為對自己的不滿,再加上青春期難以控制的情緒,就會特別容易成為他們情緒爆發的導火線。

雖然說這是孩子們進入青春期後共有的一個特點,但並不意味著所有的親子關係也都會為此困擾。如果孩子的自尊水準高、自我評價良好,就不太容易被激怒。而孩子自我評價的形成在相當程度上來源於親子溝通,如果在進入「隧道期」之前,親子溝通是正面的、有滋養的,那麼即使在「隧道

期」出現一些溝通上的不暢，也會很快回到正軌上，而「人事分離」的溝通方式就非常有助於孩子形成正確的自我評價。

【情景一】媽媽回家時，發現孩子開著空調，而陽臺的門卻沒關，就問：「你怎麼不關陽臺的門呢？也太敗家了吧！」

孩子可能會怎樣回應？

可能會說：「是妹妹出去沒關門，關我什麼事！」也可能會回嘴說：「我就不關！」「忘記關門就敗家，反正你就是看不起我！」

【情景二】媽媽回家時，發現孩子開著空調，而陽臺的門卻沒關，就說：「我看見陽臺的門還沒關。」

孩子又可能會怎樣回應呢？

孩子可能會說：「哦，我忘記了！」然後起身把門關上。

為什麼兩種場景一模一樣，媽媽說的話也僅有幾字之差，而溝通結果卻差異這麼大呢？

表達	你怎麼不關門	我看見門沒關
語氣	惱火、責備	平靜、尊重
關注的重點	對人：「你」的不好	對事：「我」看見的事情
對方的反應	逃避或反抗	去關注事情本身
對方的感受	我不好，低自尊	即使這件事情我沒處理好，但是我仍然被尊重

語氣的差異。父母與孩子溝通時，是「對孩子說話」，還是「和孩子說話」很重要，前者父母的語氣是高高在上的，往

往以命令、責備、說教的方式來溝通，而「和孩子說話」本身在態度上就與孩子是平等的、相互尊重的。即使是同樣的一句話，用不同的語氣說出來，效果也會大相逕庭。孩子聽父母說話時一般是聽語氣多過聽內容，而通常就是父母說話的語氣刺激出了孩子的不良行為。

關注重點的差異。上表中第一句話關注的重點是人，是責問孩子，當一個人被責問的時候，是會感受到攻擊性的，人天性就懂得趨吉避凶，所以當他感受到威脅時，要麼逃避，要麼反抗。

而第二句話說的是一個事實，對誰都沒有威脅的事實，沒有威脅自然不需要對抗或逃避。

對方感受的差異。可能有的家長會說，「我只是提醒他養成良好的生活習慣」。誠然，父母的出發點是讓孩子能夠做得更好。可是，父母說了什麼不是最重要的，最重要的是孩子聽到了什麼。第一句話，孩子內心會認為自己很不好，很差勁，長此以往會認為自己是個很糟糕的人，處於低自尊的狀態。而後一句話，讓孩子感受到的是尊重，沒有指責，沒有貶斥，他單純地從這個事件當中獲得的是經驗，孩子不會因此給自己低評價。站在孩子的未來看，哪一句話更有利於孩子的成長呢？肯定是第二句話。

「人事分離」的溝通方式有三個要點
1. 語氣比內容更重要。
2. 用「我」替代「你」。
3. 只說「我」看到的事實。

「人事分離」的溝通方式會讓孩子的個體感受到尊重，因為父母的語言中，沒有對他這個人的評價和攻擊，而是只針對事情的溝通，會讓孩子更加願意跟父母達成合作。

第三節　有效對話場景二：情緒

一、揭祕青春期孩子為何脾氣大

青春期孩子就像一個行走的炸藥包，說不定什麼事就把他惹生氣了，作業多了發脾氣，題目做不好發脾氣，別人弄亂他的東西也發脾氣。最要命的是，父母好心來安慰他，卻往往惹火燒身，反倒被惹了一肚子氣。

很多父母對此非常不解，「以前他從來不會這樣，現在就像變了一個人，也不知道哪來這麼大的脾氣？」青春期孩子的大腦到底發生了什麼變化，讓他變得脾氣大、難溝通？

1.「理智腦」的發展被「情緒腦」的發展甩得遠遠的

「理智腦」即為前額葉，其主要負責人的思考、理性判斷、目標、計劃、自控……這部分大腦要到 20～25 歲才能逐漸成熟。只有在它感到安全、情緒舒適的時候才會自然啟動，否則資訊就會被退到「情緒腦」中去處理。

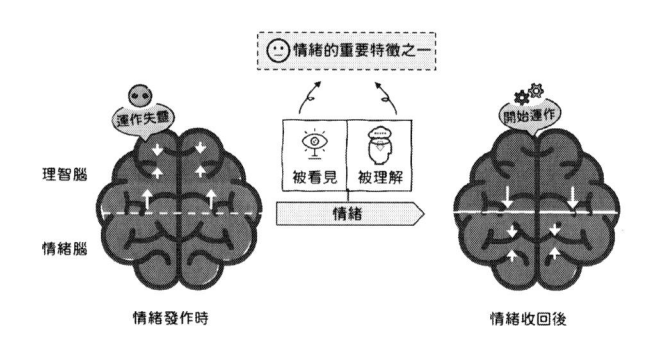

第二章 清障：拆牆建橋，與青春期孩子這樣對話

情緒的重要特徵之一
運作失態　被看見　被理解　開始運作
理智腦
情緒腦　　　情緒
情緒發作時　　　　　情緒收回後

「情緒腦」即為邊緣系統，負責情感、情緒、直覺等。當一個人感受到生氣、憤怒、沮喪等情緒的時候，所有的資訊就會被拒絕輸送到「理智腦」。而當他感受到開心、愉悅、有成就感的時候，資訊就會得到許可，從而被輸送到「理智腦」進行理智思考。

到了青春期，荷爾蒙使邊緣系統的發展特別活躍，所以青少年的情緒起伏比較大，忽晴忽雨，然而能夠控制局面的前額葉又偏偏發展得非常緩慢，所以青春期孩子易衝動、沒有理性。

因此，我們就很容易能理解為什麼面對同樣的事情，成年人能夠控制住情緒不發火，但是青少年卻會在活躍的邊緣系統的驅使下「原地爆炸」。

雖然青少年看上去已經長大，但大腦發展的特點卻決定了，這是他一生當中最易失控的階段，是他最迷茫不已的階段，雖然他口口聲聲說「不要你管我」，甚至把父母推出門外，但這又是他成長中最需要被父母理解、協助的階段。

2. 失誤：孩子在發火，父母來「加油」

如果我說父母經常拿著消防車的水管來替孩子火上「加油」，肯定多數父母都不會承認，「沒有啊，我一開始就是來安慰他，想幫助他，結果他不僅不接受，反而衝著我發火了」！青春期的孩子敏感衝動，既渴望獨立又害怕被否定，說不定哪句話就會讓他們暴怒。父母最常見的一不留神就「火上加油」的溝通句式有哪些呢？

(1)「我早跟你說過⋯⋯」「跟你說了你又不聽」——卸責說教式

當孩子負面情緒來臨的時候，父母往往考慮更多的是找出事情的起因，並試圖透過說教的方式讓孩子吸取教訓。言下之意就是，「按照我說的做就不會出錯，現在你出錯了，就是因為你沒有聽話」！這種溝通句式的背後還隱藏著父母想要推卸責任的心，「我已經跟你說過了，你現在出錯了，不關我事，都是你自己的錯」！當父母說一句話就是為了證明孩子錯自己對的時候，對於一個要用一切方式來證明自己已經長大的青春期孩子來說，這個資訊只能停留在孩子的「情緒腦」。而孩子的「情緒腦」此刻堆積了一大堆因作業多等造成的沮喪情緒，還沒辦法處理好，這時父母又新增了新的處理事項，這是不是火上加油呢？

第二章　清障：拆牆建橋，與青春期孩子這樣對話

（2）「別人怎麼就不會……」「怎麼偏偏只有你這樣……」──否認比較式

父母有時會希望透過比較，讓孩子能參照別人做得好的地方，從而提升自己或改正自己的不足。可問題是，被比較的孩子會怎麼想呢？他們感受到的是深深的不被認可，會覺得「我總是滿足不了父母的要求，你總是對我不滿意」，孩子甚至會覺得自己很無能，認為自己的存在毫無價值。尤其與「怎麼」這樣責備的句式放在一起的時候，勢必會激起他們憤怒、對抗的情緒。

（3）「你一定是……」──妄加猜測的不信任式

有時父母會猜測孩子一定是因為想玩，一定是因為懶惰才沒把事情做好，當父母把這些主觀的猜測說出來的同時，就等於把孩子送到了自己的對立面，因為這樣的表達在孩子看來，只有三個字──不信任。父母不信任會為孩子帶來什麼感受呢？可能是委屈、氣憤，也可能是「以後有什麼事情不要跟你說，說了你也是不信任我、責怪我，認為我一定是不好的」。而孩子也無法從親子關係中學會信任，所以很多青春期孩子在遇到被欺負、霸凌等事情的時候，並不會跟父母講，因為講了之後，換來的可能就是父母的不信任和責怪。

在了解了青少年情緒發展的特點和父母面對青少年情緒時常見的失誤之後，我再介紹幾個應對孩子負面情緒的小方法。

二、家有「炸藥包」，
　　父母該如何應對孩子的負面情緒

「砰！」上國一的兒子房間傳來一聲悶響，媽媽趕緊過去看看是怎麼回事，只見兒子的書包被摔在地上，書本散了一地，而孩子氣呼呼地站在書桌旁邊。媽媽看到這情形屏住呼吸問：「這是怎麼了？」

「不用你管！」

「有什麼事也不能摔書包啊！」

「老師就只會留作業，留作業，寫到明天天亮都寫不完！」

「我早跟你說放學後要抓緊時間寫，磨磨蹭蹭到現在，寫不完怪誰呀！」

「我又沒怪你，多管閒事！這麼多作業，八隻手都寫不完！」

「你一定是在想等一下沒時間玩遊戲了，沒用心去念書怎麼能寫好？我就不信班上那麼多學生每個都寫不完？」

「我才沒想玩遊戲，你從來就不相信我！」

「對，我就整天想著玩遊戲，我就是最爛的那個，行了吧！」

「就只會一直念，走開，不用你管！」

情緒在「情緒腦」產生，事情的處理卻在「理智腦」，而大腦處理資訊的優先順序就是「情緒腦」在前，「理智腦」在

後。所以當青春期孩子的負面情緒襲來的時候,要優先關注他們的情緒和感受。

釋放「情緒腦」,才能順利啟動「理智腦」。

情緒在前,事情在後,兩步說出孩子的感受。

第一步是同理孩子的感受,找到孩子的「情緒詞」。人有什麼樣的想法就會說出什麼樣的言詞,假如父母心裡想的是:「看吧,就因為不聽話,所以沒寫完作業,竟然還要發脾氣!」那說出來的就會是:「我早跟你說放學後就應該抓緊時間寫……」如果父母是站在同理孩子的角度,可能會想「他其實很想盡快把作業寫完」。那問一下自己,此時此刻他內心會是什麼感受呢?這就是第一步,找出孩子的「情緒詞」,這些「情緒詞」可能是心煩、煩躁、沮喪等。

第二步是用剛才找到的「情緒詞」造句。比如「作業沒有按時寫完,讓你覺得很心煩」「我看到你剛才一直在寫作業,結果還是有很多作業沒完成,你覺得有點沮喪」。

如果把上面的溝通方法應用在生活當中,可能就會變成這樣的對話:

「這是怎麼了?」

「不用你管!」

「你看上去很生氣,如果你願意,跟媽媽說說看?」

「老師就只會留作業,留作業,寫到明天天亮都寫不完!」

第三節　有效對話場景二：情緒

「哦，我看到你剛才一直在寫作業，結果還有很多沒完成，那確實挺讓人沮喪的！」

「對啊，我都寫了兩個小時了，結果還有三張考卷沒做！」

「嗯，那真的是夠心煩的！」

「沒辦法！唉！我想休息一下再寫。」

情緒有一項重要的特性就是：當被看見、被理解時，情緒「水位」就會降一半，「情緒腦」的「水位」降低之後，「理智腦」才能夠運作。

情緒需要的不是被否定，而是被看見。

情緒詞彙庫
一開始很多家長可能並不習慣說感受，有時候以為自己說了感受，但事實上說的是想法。比如下面兩種說法哪一種說的是感受呢？
A. 我覺得我根本做不好。
B. 我感覺很糟糕。
答案：B
A 句雖然說的是我「覺得」，但實際表達的是我「認為」，所以表達的是想法而不是感受。
B 句用的是「我感覺」「我感到」這類可以表達感受的方式，並且用了「糟糕」這個「情緒詞」。
為了能夠更好地表達感受，家長可以有意識地累積情緒詞彙庫：開心、快樂、高興、愉快、喜悅、興奮、欣喜、洩氣、灰心、悲傷、不滿、不快、失望、內疚、遺憾、沮喪、困惑、茫然、鬱悶、慚愧、淒涼、孤獨、難過、焦慮、愧疚、羞恥、迷茫、消沉、惶恐、憤怒、煩惱、苦惱、厭煩、憤怒、寂寞、震驚、生氣、憤慨、惱火、心酸、擔憂、懊悔、忐忑、恐懼、悲哀、恐慌、低落、暢快、得意、無聊、遲疑、受傷、自豪、驚訝、平靜、害怕……
補充更多：

三、憂鬱焦慮來襲，父母如何傾聽才算是理解

青少年從無憂無慮的童年走來，在這個階段前所未有地遭遇到很多成長的迷茫，難免會出現憂鬱焦慮的情緒，有的孩子可能會表現得更嚴重。青少年時期是憂鬱最容易發生的年齡層，他們需要父母傾聽自己的心聲，並予以理解。可是怎樣的傾聽才算是理解呢？

可能有的家長會認為「傾聽這麼簡單的事情誰不會呀」！但事實上家長最難做到的就是傾聽。更多家長都是一看到事情發生，或者看到孩子出現不好的情緒，沒等孩子開口，就先把自己的觀點、建議說了，甚至連情緒也發洩了出來。尤其是喜歡說教的家長，生怕孩子學不到自己的人生經驗，所以會很著急地「給」。這也體現了家長的焦慮，生怕孩子出錯，不敢讓孩子去體驗，生怕孩子受到傷害或者走彎路。而對孩子來說，最寶貴的就是他的人生體驗，哪怕是沮喪的、失望的體驗，這都是需要孩子完整地、暢快地去經歷的。而父母需要給出的就是「允許」。

1.「不允許式」傾聽的表現

(1) 對情緒視而不見，只關注事情型

傾聽，表達的是父母願意看見孩子的情緒，在上一小節的第一組對話當中，父母和孩子都在說話，卻沒有人在聽。父母沒有聽到孩子的情緒和感受，孩子也沒有聽到父母的建

議和說教。孩子會認為父母不重視他，什麼事情都比他更重要。

(2) 否認責備型

「有什麼好生氣的」「脾氣太壞了」，如果一個孩子在表達了情緒之後總是被否認、被責備，他會認為自己憤怒也是有錯的，就會從內在否定自己，認為自己真的很糟糕，總是把事情搞砸。

(3) 輕描淡寫的安慰型

「就這麼一點小事，別難過了」「沒關係，別往心裡去」「我相信你會好起來的」，父母說這些話，其實是想幫助孩子淡化或者消滅掉困擾他們的情緒。可是這麼說了之後，孩子會認為，「對你來說當然是小事，但對我來說非常重要，你一點都不理解我」。

如果用能量尺來衡量一下，「不允許式傾聽」帶來的是低能量，而「允許式傾聽」讓傾聽充滿了支持的力量！

2. 「允許式」傾聽的方法

(1) 放下評判傾聽

有的父母聽著聽著會忍不住發表自己的看法，而這些看法當中往往就帶了他們自己的評判，一旦有了評判，對話很可能就會被迫終止。即使父母沒說話，他們的表情也會出賣自己的想法。比如突然生氣時的眼神，比如搖頭嘆氣，比如

焦慮擔憂的神情,都會表達出評判。所以聽的形式不是最重要的,聽的真心最可貴。

對於青少年來說,「聽他說」會比「跟他說」更有價值。

如果我們站在孩子的未來看待每一次溝通,很多事情就會清晰明瞭。

如果父母只看到孩子眼前糟糕的情緒,可能想到的就是怎麼讓他盡快擺脫,那就會出現上面「不允許式」的各種做法。但是如果站在孩子的未來,父母就會想到,孩子以後可以怎樣成長,可以怎樣面對糟糕的情緒?這樣就會很容易理解這是孩子要完成的人生功課,不是父母講了道理就能幫助他的。孩子的傾訴過程,就是他自我梳理的過程,也是悄然自我成長的過程,很多孩子會在傾訴中,就自助地找到了答案。所以父母在孩子傾訴時,要盡可能站在旁觀者、支持者的角色,而不是參與者、評判者或施壓者。比如父母可以邊聽邊點頭,「嗯,我了解」。

(2) 放下手裡的事情全然傾聽

經常看到有的孩子跟父母講話的時候,父母一邊忙碌著一邊回應,有的一邊看手機一邊聽,孩子就會問:「你有沒有在聽我說話呀?」父母說:「有在聽啊,你繼續說吧!」然後手裡依舊忙個不停,於是孩子很惱火地說:「你根本沒有在聽!」隨後「砰」的一聲把門關上了,溝通的通道就這樣被切

斷了。長此以往，孩子就算有事情可能都會懶得跟父母講。

放下手裡的事情表達的就是：「在當下，你比所有的事情都重要，所有的事情都要排在你跟我傾訴之後。」

這個動作本身就是一種支持和尊重。當父母手裡實在有事情放不下，也可以跟孩子說，「你等我一分鐘，我把爐火關掉」，或者「等我把這個通話結束掉」。但是盡量不要等太久，比如「等我把這篇文章寫完」。因為如果等太久，孩子可能就失去了想跟父母表達的意願了。

(3) 放低身體重心聽

有一個成語叫做「拍案而起」，還有一個成語叫做「促膝談心」，其實講的就是行為與情緒的關係。促膝而坐時比較容易談心，拍案起立時比較容易起爭執。

還有一句話說「吵架的時候為什麼要大聲，因為心和心的距離很遠，彼此聽不見」。

所以，邀請孩子坐在沙發上或者一起坐在地板上，營造一個好的溝通氛圍，更加有利於父母與孩子的溝通順利進行。

聽，永遠是溝通的第一步。傾聽不僅僅是一個動作，更是一種態度，表達了父母的尊重和允許。這是告訴孩子，人都會有情緒，有情緒是正常的，被允許的。而允許是有力量的，是在向孩子傳遞「媽媽願意傾聽你，願意支持你」。甚至

當孩子不想說的時候,父母依然可以傳遞這種允許,比如:「發生什麼事了,想跟媽媽說說嗎?」「等你感覺好一點,想說的時候再來跟媽媽說。」

情緒需要的不是被控制,而是被允許。

第四節　有效對話場景三：學習與交際

一、遇到困難秒變，
　　父母能用「別人家的孩子」激勵孩子嗎？

> 隔壁小明考上了名校，你應該向他看齊，多請教一下！
> 同樣坐在教室裡上課，別人能學會的你怎麼就學不會？
> 83分，排第幾名？你隔壁同學考了幾分？

有些父母希望透過「別人家孩子」的優秀表現來激勵自己的孩子好好上課，努力向上，卻發現這種比較往往會招致孩子的反感，不僅如此，孩子還會出現遇到困難就很容易放棄的現象。

為什麼「加油」不成，反倒「漏油」了呢？

1. 與其盯著人，關注事才有動力

有一個很著名的實驗，實驗人員第一次給兩組孩子同樣難度的拼圖，兩組孩子都完成得很好，但是兩組孩子得到的讚賞卻不一樣，一組被誇聰明，另一組被誇努力。在後來的幾組實驗當中，當初被隨機分組的兩組孩子，卻不約而同地呈現出很多共性的表現。比如，當讓大家選擇題目難度的時

第二章 清障:拆牆建橋,與青春期孩子這樣對話

候,被誇聰明的一組孩子多數都選擇了更簡單的,而被誇努力的一組孩子多數都選擇了更難的。在大家都面對難以完成的任務時,被誇聰明的一組孩子,都表現出焦慮、灰心、容易放棄的狀態,而被誇努力的一組孩子也不約而同地表現出積極想辦法的狀態。被誇為聰明的孩子,被關注的焦點是孩子本身,而後者被關注的焦點則是孩子們的行為。

假如一個孩子被關注的是他這個人是否聰明,跟別人比如何,那麼他就會常處於緊張焦慮狀態,一旦有一點,哪怕是一件小事,證明了他這個人不行,他就會非常無力,非常焦慮。而如果被關注點是他所做的事情,那麼孩子也會把精力放在事情上,事情沒做好的話,會繼續想辦法,而不是陷入自我否定當中。

而父母如果經常用比較的方法來激勵孩子,被比較的對象就是孩子,會讓孩子感覺自己很沒用,總是不如別人,從而喪失了力量感,就會出現越比越無力的狀況。

父母要盡可能把對孩子本人的關注度降低,更多地與孩子一起把注意力集中在具體的事情上,比如哪些英語重點沒有掌握,物理課中哪些章節會有困難,可以做什麼讓讀書效率更高等。當我們和孩子的關注點只在事情上時,就沒有了那些對孩子這個人的攻擊,孩子就不會出現「漏油」、洩氣的情況,也就更加有可能把精力放在事情的解決上。

2. 沒有體驗過「成」的快感，只會剩下「敗」

孩子考了 90 分，父母請他好好反思那 10 分丟在哪裡。孩子考得不好時父母表達不滿意，考得好時當成理所當然，或者要求精益求精，或者要求其他學科也要一樣。

孩子會覺得他在父母眼裡從來都沒好過，無論怎樣他也達不到父母的要求。如果他興致勃勃拿回一張提高了 20 分的考卷，得到的父母回應與拿了 60 分一樣，都是挑剔和不滿。孩子可能會很洩氣，認為自己很難做「成」一件事，無論怎麼做，都達不到父母的標準。

「成」的體驗很重要，一個一直輸的人，怎麼敢相信自己會贏？而經常能有「成」的體驗的人，才有信心和勇氣去爭取下一次的「成」。青少年正處於自我確認的重要階段，如果在他的經驗當中，自己總是做不好、做不成，那麼就會讓他無形中為自己貼上「敗」的標籤。

父母需要怎麼做來鼓勵孩子呢？其實很簡單，就是經常幫孩子按下「確認鍵」。真誠地確認他是可以的，確認他可以做得好，確認他的進步。

誠然，讀書是孩子自己的事情，考得好本身就是對他自己努力的一種獎勵。但如果在過去，父母的比較曾經傷害過孩子，或者曾經讓孩子「漏油」，那麼就千萬不要吝嗇對孩子的認可，這是可以增強孩子力量的唯一方式。

第二章　清障：拆牆建橋，與青春期孩子這樣對話

「比」字兩把刀,「批判」三把刀,扔掉這五把刀,放孩子一條生路。

二、同伴說話比家長說話重要，如何對話才有效？

常常聽到有些父母很有挫敗感地抱怨,「怎麼說孩子都不聽,同學一說就聽」「怎麼叫孩子他都不動,同學喊一聲他就很快跟上」。青少年的同伴關係對青少年的同一性發展和社會交際有重大意義,那是否意味著父母就要「退居二線」了呢？

對孩子同伴交際強加干涉固然不合適,但是完全退出孩子的成長過程,也非合宜之舉。正如孩子學步時,勇敢地向前邁步,走向遠方的時候,會常常跑回到父母的懷抱裡「充電」,接下來才更有動力走得更遠。

青少年在這一次完成獨立的過程中,父母仍然發揮著相同的作用。父母的「放手」和「支持」缺一不可,而非「控制」或「不管」。父母可以成為孩子的加油站,但是沒有哪輛車會拉著加油站到處跑,也沒有哪輛車會一直停在加油站不動。適時適地出現的「加油站」原則,會讓「隧道期」的孩子與同伴的相處更加趨於良性,與父母維持親密關係是他們選擇朋友的最好保障。

第四節　有效對話場景三：學習與交際

1. 說「不」有度，底線與自由並不衝突

有的父母身在「隧道期」很焦慮，要把孩子抓得更緊，要更加有所掌控，凡事都要管，凡事都會阻攔。

結果是，一方面很可能「鍛鍊」出親子之間「控制──反抗」的溝通模式，不管父母說什麼孩子都會下意識地反抗；另一方面可能讓孩子對父母的要求不再敏感，會覺得自己天天都在觸碰父母的底線，根本不知道哪條底線才重要。

有個隱喻的故事是，一位爸爸每次跟女兒說話的時候都很大聲，比如：「幫我拿報紙！」「穿上拖鞋！」有一次女兒過馬路的時候，沒注意側後方過來一輛車，爸爸大喊：「小心後面有車！」結果，女兒沒有做出任何反應而被車撞傷。事後爸爸問她：「我那麼大聲提醒，你沒聽見嗎？」女兒說：「你每次跟我說話都那麼大聲，我還以為是讓我拿報紙這樣的事情呢。」

我建議父母列一下在「隧道期」不希望孩子做的事情。從中只選三個作為底線。這時你會發現很多不希望孩子做的事情，是來源於自己的喜好，比如「我不希望孩子穿耳洞」跟「我不希望孩子吸毒」相比，哪個才是不可觸碰的底線呢？哪個是因為孩子跟父母的觀點不一樣，而不希望他做的事情呢？

第二章 清障：拆牆建橋，與青春期孩子這樣對話

在允許範圍內的事情上，做到放手和信任；在觸及底線的事情上，要做到態度堅定，這樣孩子才會更加重視父母的底線，如果這二十條全都被限制，那麼穿耳洞和吸毒對孩子來說，可能都是同樣可以去挑戰的。

篩選底線要求，列出父母不希望「隧道期」孩子做的事情：	
(1) _____	(2) _____
(3) _____	(4) _____
(5) _____	(6) _____
(7) _____	(8) _____
(9) _____	(10) _____
(11) _____	(12) _____
(13) _____	(14) _____
(15) _____	(16) _____
(17) _____	(18) _____
(19) _____	(20) _____
從上面選出三條你認為不可以踰越的底線，填寫在下面的橫線上：	
(1) _____	
(2) _____	
(3) _____	

2. 讓孩子在家裡學會做決定，
在外面的決定和思考才可能更有自己的立場

這是一個真實的事情，有幾個小學剛畢業的男生約好去看電影，在超市裡買零食的時候，有一位突發奇想，要買酒喝，結果幾個男生對此做出的決定各不相同。

A 類：冒險型。這個事情太刺激了！

B 類：跟風型。同學說喝，那就也跟著喝點吧！

C 類：糾結型。如果喝，萬一回家被爸媽發現了怎麼辦？不喝的話，萬一同學以後不帶我玩了怎麼辦？

D 類：主見型。我不認同喝酒的行為，我不會喝的。我們等下電影院見！

A、B、C 類孩子可能平時在家做決定的機會都不多，父母也沒有明確表示過哪些事情可為，哪些事情不可為，所以孩子一旦離開父母的視線，有的就表現出更容易放飛自我，做出冒險的決定；有的沒主見，只會跟從同伴的腳步；有的既不敢違逆父母，又害怕失去同伴。而 D 類孩子面對同伴的選擇則有自己的立場，有自己的主見，不會輕易被人影響，這樣的孩子在同伴群體當中往往更容易獲得尊重。

讓孩子在家裡有足夠的機會做決定，那麼他會更懂得如何為自己的行為負責，而不是讓孩子在去外面的世界後才有機會練習。

三、知道孩子「未成年戀愛」，
　　我該怎麼開口說？

　　孩子：媽媽，xx 想讓我幫他複習一下物理，他上週生病沒來上課。

　　父母：好的，早點回來。唉？xx 是男生還是女生？

　　孩子：男生啊，怎麼了？

　　父母：他怎麼會找你複習呀，問老師多好。他是不是對你有意思啊？

　　孩子：什麼意思不意思啊！你想得太複雜了！

　　父母：我想得複雜？這個社會就是很複雜的，小女生要懂得自我保護，要自愛。你現在最重要的事情就是上課讀書，千萬不可以談戀愛……

　　孩子：到底說什麼，亂七八糟的，你煩死人了！（摔門而去）

　　異性交往存在於孩子成長的所有階段，但是到了青春期，不管是家長還是孩子，對這個話題都開始變得很敏感。

　　家長擔心孩子談戀愛會耽誤課業，因為年輕衝動而做錯事。

　　孩子會對異性充滿好奇與羞澀，他們或許有了內心隱隱關注的異性，或許很想了解關於異性的更多事情。只是在這個話題上，他們往往會選擇對父母三緘其口。

孩子不想說，父母想知道，這就讓本來就難以啟齒的話題更加神祕起來。

1. 兩個因素決定孩子是否跟你說

(1)對父母反應的判斷

如果孩子在過往的經驗中，早已總結出一個規律，只要稍微敏感一點的話題，必會招致父母煞有介事、緊張萬分、鄭重其事的說教，孩子十有八九是不願意去撞這個槍口的。假如孩子有了心儀的對象，或者內心有了關於異性的煩惱和苦悶，當他判斷出這可能在父母的價值觀裡是不好的事情，如果跟父母說，可能會被反對、被嘮叨，甚至還會失去部分自由，在權衡利弊之後，孩子可能會選擇隱瞞。

孩子能不能跟父母說，願意不願意跟父母說，相當程度上取決於孩子對親子溝通狀態的判斷。如果孩子在過往與父母溝通的經驗中，認為父母比較開明，遇事不會立即表現出焦躁不安，而是能夠以理解和尊重的方式來溝通，孩子才可能會選擇試探性地與父母交流。

就好像走一段吊橋的時候，人們會用手拉住吊索判斷一下它的牢固程度，判斷一下它有多大的彈性，如果覺得不安全，就不會往前走。一份好的親子關係是可以禁得起孩子試探的，讓孩子在試探之後，仍認為是安全可靠的。

第二章 清障：拆牆建橋，與青春期孩子這樣對話

(2) 對自我疆界的劃定

青少年在實現獨立的過程中，會採取很多鮮明的行為來劃定他的疆界。比如關上自己的房門，鎖上日記本，有個祕密的寶貝盒子，有不給別人聽的私密通話等等。這個界限不僅僅是在告訴別人「這是我的事，不要你管」，同時也是在對自己說「這些是我的事情，我能處理」。這是孩子在獨立過程中，不斷學會為自己負責的好機會。很多獨立性比較強的孩子，在對待與異性相處的問題時，往往會認為這是他私人界限內的事情，不需要跟父母說。

孩子初涉人世，很多成長的情節都很重要，而異性關係的處理所帶來的隱患未必會非常嚴重。容易對孩子真正造成傷害的，反而是父母對於此事的態度。

如果父母認為這個年齡階段的孩子對異性的好感是羞恥的，認為他們做了一件見不得人的事情，就會讓孩子一直在愧疚的痛苦中。青春期的煩惱不僅不能得到排解，反而增添了新的心理負擔。

如果父母認為這個年齡階段與異性的交往是充滿危險的，那麼孩子會因此而產生恐懼的心理，影響他日後與異性的相處。也有可能會激發孩子更大的好奇，以身試險來驗證父母說的到底是不是真的。

如果父母認為這個年齡階段的戀愛是不正常的，是洪水

猛獸，是要堅決禁止的，那麼孩子可能就會隱藏得更深，讓父母更加無法知道他的狀況和行蹤。一旦出了什麼事情，也斷然不敢告訴父母。

有一天放學時，剛上幼稚園的女兒頗為焦慮地跟我說：「媽媽，××同學說我臉髒髒的，你不會來接我了。」我笑著跟她說：「不管你多髒，媽媽都會來接你的，因為你是媽媽的女兒，媽媽愛你呀！」

聽上去很好笑，哪個媽媽會因為孩子臉髒就不來接孩子了呢？但是對於小孩來說，確實是她當時真實的焦慮。而對於青少年來說，他們也會有這樣一些大人看起來是小事，但對於他們來說是天塌般的大事，比如孩子認為，假如我爸爸知道這件事，非打斷我的腿不可；假如我媽媽知道這件事，大概會氣暈過去；假如告訴我媽媽，她一定不會認我這個女兒。這些後果對於孩子來說，可能一時無法面對，甚至會選擇極端的處理方式，或者成為他成長路上的一個陰影，要在之後的日子去療癒。

2. 面對青少年的異性交往，有以下三點建議供父母參考

（1）未雨綢繆

提前傳遞父母對這件事情的價值觀，情感的到來，沒有早晚之分，這是孩子成長過程中的禮物，來了就要好好地接納和面對。請孩子放寬心，讓孩子知道：「當我遇到這類困

惑的時候，是可以跟我的爸爸媽媽講的，他們是可靠的，可以被信任的」。而且父母這個後盾是堅實的，不是動不動就炸裂的。

(2) 靜享花開

如果孩子跟父母表達他的心事，首先要感謝孩子的信任，並且表達父母的欣賞，欣賞他的長大，欣賞他的思考，欣賞他的審美。看到孩子情感萌芽的正向意義，而不是把這件事情變成洪水猛獸般的恐懼和噩夢。即使孩子不主動與父母溝通，父母仍然可以選擇合適的時機來表達對他成長的欣賞，讓孩子感受到在父母眼中所看見的青少年的種種美好。

(3) 因勢利導

在前兩點的基礎上，可以跟孩子分享一些健康的青少年情感和性教育的指引或相關讀物。雖然孩子對父母的建議、指引乃至推薦的讀物未必都會接受，但是父母的正向態度已經為孩子正向發展異性交往奠定了一個非常好的基礎。

第三章
重啟：修復親子關係，
讓愛在對話中流動起來

與青少年和解不代表要犧牲父母的尊嚴，父母的尊嚴也並非要在親子對抗中體現。「低碳溝通法」「改變溝通站位」，與孩子成為「盟友」，「六不原則」，讓父母不再成為親子對話的終結者，學做「抱持」型父母，實現真正可控的親子關係。

第一節　不傷父母尊嚴的和解方法

一、和解不等於跟孩子說「對不起」

在「隧道期」，親子之間的磕磕碰碰在所難免，而衝突過後的處理頗見父母智慧。

如果雙方僵持不下，互不理睬，就會讓親子關係陷入冷戰之中，可能會造成親情的疏離，甚至埋下怨恨的種子。

如果堅持讓孩子認錯，會令孩子不服氣，儘管他們表面認錯，但內心會產生怨懟和委屈的情緒。長此以往，孩子有可能會在某個點爆發，也有可能會造成他們的自卑、自我不滿甚至自我攻擊。

如果父母主動和解，會更容易將親子關係引向可控的方向。

有的父母會認為主動與孩子和解實在是沒面子，這樣會讓自己在孩子面前更加沒有威嚴。

有的父母跟孩子表面和解，只是說句對不起，但彼此內心仍然是對立的。

也有的父母認為，「如果我總是跟他和解，他會不會就養

成習慣了，凡事都是我們的錯，他沒有錯，以後豈不是更加無法無天了」？

父母與孩子和解並不是簡單地說句對不起，或者是賠禮道歉，雙方透過這件事讓彼此互相理解的過程，才是真正的和解。

父母可以嘗試用和解的「四察四對」方法來試試，既不會失去家長的權威，又不會流於敷衍、不真誠的道歉，同時又可以讓孩子在和解的過程中獲得成長，而不是變得「無法無天」。

和解四察：任何事情都有可能會引發親子衝突，但是很多父母經常會被下面四個「濾鏡」所影響，讓親子衝突遠離事實真相。如果父母覺察到自己可能戴上了其中的某一個，就要及時摘下，及時轉念，一念轉，即是溝通的天堂。

濾鏡	對映	常見表達
「我最聰明」	我是對的，你是錯的	我早就說過，現在知道後果了吧！ 我都說過多少次了，就是不聽！ 分明就是……你非得說……
轉念語句參考（也可以在這裡寫下你的轉念語句，下面同樣）		這件事，孩子看到了什麼？ 他是不是有不同的思考角度？ 即使我是對的，也可以用更合適的表達令孩子愉快接受。 _____

第三章　重啟：修復親子關係，讓愛在對話中流動起來

濾鏡	對映	常見表達
「我最重要」	你怎麼敢反抗我	就得聽我的！ 真是造反了你！ 必須按照我說的做！
轉念語句參考		孩子是獨立個體，他的觀點不必非得跟我一致。 孩子需要被尊重，而不是服從就範。 _____
「我最辛苦」	你怎麼能這樣對我	我做了這麼多⋯⋯ 我這麼早就到了⋯⋯ 都是為了你⋯⋯
轉念語句參考		我付出，是因為我樂意這樣去做。 我付出，是因為我愛他。 我付出與他無關，不需要他來承擔責任。 _____
「理所當然」	不值一提	那不是你應該做的嗎？ 好了，知道了，不就是×××嗎？ 有什麼了不起的，值得大驚小怪嗎？
轉念語句參考		他在這件事情上還是付出了很多努力。 他也想把事情做好，只是遇到了困難。 正因為他曾經很用心，所以才會在意。 _____

第一節　不傷父母尊嚴的和解方法

和解四對：在父母做了如上的梳理之後，通常能夠去除掉影響父母與孩子和解的障礙，接下來，再做如下「對頻」溝通，調整親子頻率一致，達成和解。

對頻詞語	表達含義	參考語句
「我知道」 「其實」	表達理解	我知道你很想自己解決這個問題。 其實你已經很努力了。
「謝謝你」 「多虧你」	表達感恩	謝謝你在很生氣的時候還會照顧媽媽的感受。 多虧你告訴我，否則我還會繼續誤會下去。
「了不起」 「不容易」	表達肯定	你真的是很了不起，換成我未必可以做到。 面對這個問題是不容易的事，但是你做到了。
「對不起」 「請原諒」	表達坦誠、包容	很對不起，媽媽當時沒有考慮到這一點。 請原諒爸爸沒有遵守我們之前的約定。

這個和解的過程，讓父母對孩子多了一份理解和接納，讓孩子對父母多了一份信任和親近。而且這也是一個非常好的衝突處理的示範，孩子會從父母身上學到，原來我可以這樣來處理衝突。

父母的理解贏得了孩子的信任，父母的坦誠贏得了孩子的尊重，父母的肯定幫助孩子更有信心，父母的感恩和包容，讓孩子感受到父母的胸懷和值得信賴。

二、孩子剛開啟的心門，
　　是怎麼又被你關上的？

　　孩子，真對不起，媽媽翻看你的日記的事情讓你很惱火。這也是因為媽媽擔心你被人欺騙。你現在總覺得自己已經長大了，但其實你還小，好多事情你還處理不好……

　　孩子，你已經做得很好了，我總是按照自己的想法要求你，確實太自私了。媽媽多希望你能夠在 xx 學科上再多花點工夫，拿個好成績。

　　孩子，媽媽覺得非常抱歉，剛才不應該對你大吼大叫。但是，你也太讓媽媽生氣了。

　　很多父母都經歷過跟孩子和解時，孩子已經慢慢柔和的目光突然又黯淡下來，轉而給父母一副冷冷的表情，「今天不說了，我累了」「又來了」「好了，知道了，別煩我了」！

　　在前面的幾個例子當中，父母都是先表達了歉意，接著就是「但是」或者進一步提要求。這是很多剛開始學習親子溝通的父母經常會踩的地雷。學習後，他們意識到要接納孩子的感受或者說出和解的語句，結果，一句接納或和解之後，後面緊緊跟上五句甚至十句的說教建議。

　　當孩子回應冷淡甚至反感時，父母可能還在困惑，這又是怎麼了？不是明明和解了嗎？為什麼又要發脾氣？這不已經哄完了嗎？我已經主動和解了呀，可是他不吃我這一套。

第一節　不傷父母尊嚴的和解方法

可能父母還不知道，自己的額頭上已經赤裸裸地寫著三個字「功利心」。

問題不在接納與和解上，而在於有些家長的目的性太強，看到孩子心門開啟一點，就急於往裡面塞東西，說教建議一大堆。一來二去，孩子就明白原來這就是家長的套路。孩子感受不到父母的真誠，反而連共情、和解的部分，都成了「套路」，讓孩子無法全然信賴。孩子的心門自然就會關上了。

與青少年相處，父母是否在乎，他敏感的小天線完全接收得到。他分明能感受到，父母是不是真的接納允許，是不是真的肯定認可。

孩子的反應就是一面鏡子，就是一個測謊儀，是在拷問父母愛得有多純粹。

當親子溝通出現任何問題的時候，父母都可以再問一下自己的內心：

「在我跟孩子的溝通裡面，是純然因為愛呢？還是夾雜了我的期待，夾雜了我的虛榮，夾雜了我想輕鬆省事的心？」

「而孩子在與我的溝通中，感受到的是純然的愛呢，還是深層次的恐懼，比如害怕考不好，擔心以後沒出路，或者是強烈的被控制感？」

《與神對話》(*Conversations with God*)的作者尼爾・唐納・沃許 (Neale Donald Walsch)認為，「所有人類的行為在其最深

的層面都是由兩種情緒──恐懼或愛──之一所推動的。人類的每個念頭及人類的行為，都是建立在愛或恐懼上的」。從能量尺裡可以看到在愛的驅動下，父母與孩子共振的是高能量，而在恐懼的驅動下，父母與孩子共振的是低能量。

常見的幾種讓孩子開啟的心門重新關閉的說法有三種：找理由、提要求、趁機說教。在孩子眼裡這些可能都是「假裝和解」。

第一，找理由。比如，「孩子，真對不起，媽媽翻看你的日記的事情讓你很惱火。這也是因為媽媽擔心你被人欺騙。你現在總覺得自己已經長大了，但其實你還小，好多事情你還處理不好……」家長為自己的道歉找了冠冕堂皇的理由，讓孩子感受到父母的歉意並不真誠，借和解的幌子來向他灌輸觀點才是真正目的。

第二，提要求。比如，「孩子，你已經做得很好了，我總是按照自己的想法要求你，確實太自私了。媽媽多希望你能夠在 ×× 學科上，再多花點工夫，拿個好成績」。當家長與孩子和解，孩子給了家長正面的反應的時候，家長往往覺得應該乘勝追擊，趁孩子現在心情好，多提點要求，讓孩子做得更好。

第三，趁機說教。比如，「孩子，媽媽覺得非常抱歉，剛才不應該對你大吼大叫。但是，你也太讓媽媽生氣了」。這裡

有一個最明顯的代表性詞語「但是」，這樣的轉折詞會直接導致「關門」。對於孩子來說，這可能是父母的緩兵之計，換個招數來說教而已，孩子感受不到和解，而只有變相的說教。

可能有的父母會說，難道就不能提要求了嗎？就不能管教孩子了嗎？當然不是，父母在與孩子的日常來往中都可以用合適的方式來與孩子做規劃、做溝通，具體方法和建議在相關章節也會提及。

但是不適宜以和解為手段，來達成說教的目的。和解需要父母的真心，和解的目標是修復親子關係，而不是調教孩子的行為。

讓親子關係在這樣好的狀態下多停留一會，不好嗎？為什麼非得急著趕路，趕往下一個目標？

三、「特殊時光」小小儀式感讓孩子戀家

家有青少年的父母常常產生的一種悲觀情緒就是，「翅膀硬了要單飛了」「與父母越來越疏遠了」「他對這個家好像沒什麼留戀之心」。

而事實上是怎樣呢？孩子動不動就嚷著要離家出走，這好像一下子就驗證了父母的胡思亂想。

其實，青少年要離家出走的，是那個想要自由的靈魂，而並非他的感情。如果父母能夠意識到這件事，就不會認為

孩子會與自己疏遠，同時，也不必因為挽留而阻擋孩子獨立的步伐。因為，孩子的情感可以永遠跟父母很貼近。

只要父母能夠做到給孩子獨立空間去成長，又足夠重視親情的連結。

青少年與夥伴交際的意願要遠遠超過與家人相處的興致，比如父母說：「我們去散步吧。」孩子說：「你們去吧，我要跟同學打遊戲。」

比如父母提議去看電影，孩子說跟同學已經約好，要看的電影剛好不是家長選好的那一個。

比如父母計劃假期全家去旅行，但孩子偏要跟同學一起去看動漫展。

儘管如此，孩子也不可能拒絕父母全部的要求，除非孩子是在逃避與父母相處。如果是這種情況，就需要翻看前面章節內容去找一下原因所在。

「特殊時光」不是簡單的約會，有一些特殊的注意事項需要遵守：

規律性

這個「特殊時光」跟平時即興安排的活動不太一樣，應該是相對固定的一項家庭活動。比如每週日看場電影，每月底吃頓大餐，每週三一起去游泳，或者每週六是家庭日，這個家庭日可以臨時安排全家人都喜歡的活動內容。總之，形

成一個家庭慣例。每一次活動的時間長短可以視具體情況而定，哪怕只是喝杯咖啡、打輪撲克的時間，也沒有問題。

專屬性

如果一個家庭有兩個以上的孩子，建議每個孩子要有他們自己的「特殊時光」，而不是為了提高效率，全部都安排在一起。每個孩子都是獨一無二的，即使多子女家庭也不例外，每個孩子都希望得到父母專屬的愛、專屬的時間。所以如果把這段時間與其他親朋好友聚會的時間合併在一起，就更不合適了。

單一性

這一點是重中之重，希望家長們特別注意。單一性是指，父母只與孩子專注於享受這個活動本身，而不需要有其他的附加品。很多父母都特別「珍惜」跟孩子在一起的時間，如果不抓住機會說教、講講道理、評論一下孩子的言行，就會覺得特別浪費。然而在「特殊時光」裡，這些都是被禁止的。

只享受與孩子在一起的時光就好，讓孩子感受到「此刻有你，萬事已足。你不必做什麼，也不必成為什麼，就配得上一切的美好和歡樂」。

這個「特殊時光」也是爸爸們的福音，爸爸們即使再沒有時間陪孩子，安排跟孩子獨有的「特殊時光」也應該是可以實

現的，而這將會成為父親跟孩子美好的回憶。

人們常常會將一些感覺跟某些事物牢牢地連繫在一起，比如我每次感受到冰雪的凜冽氣息，就能想起家鄉的味道；比如經歷過車禍的人每次聽到煞車的尖銳聲，就會想起那個驚恐的瞬間；比如聞到爆米花的味道，就會想起電影院的放鬆與閒適。

當孩子將一段段特殊時光累積起的美好感受與家連繫在一起，孩子與父母、與家庭的親情連結無疑也會是緊密而牢固的。

孩子每次看到煙火都能想起曾經與父親在一起時歡樂、熱鬧的感覺，一定就會滋養他餘生面對孤單或挫敗的勇氣，成為他能夠面對生活的溫暖的力量。

練習：列出你的「特殊時光」清單

_____

_____

_____

_____

_____

_____

第二節　用心連結，化對抗為聯盟

一、接納感受，父母的愛，孩子不再聽不懂

孩子明天就要考試了，有點焦慮地跟父母說：明天就要數學考試了，我還沒準備好，怎麼辦呀？

下面是幾位媽媽不同的回應，請站在孩子的角度來聽一下，哪位媽媽的回應讓你感覺更好一些。

◎媽媽A：放鬆點，有什麼好緊張的！

◎媽媽B：你剛剛去幹嘛了，現在才知道晚了。早點花時間好好複習不是很好嗎？

◎媽媽C：你看上去很緊張，每次考試都會讓人感到不太輕鬆。

三位媽媽無疑同樣是關心孩子的，但是採用的表達方式不一樣，為孩子帶來的感覺也截然不同。

第一位媽媽看到孩子很焦慮，於是建議孩子放鬆一點。但是「有什麼好緊張」這種否定孩子感受的表達，只會讓孩子覺得媽媽不理解他，並且有可能會否定自己的感受，認為自己不應該緊張，緊張是很羞恥的，沒必要的。

第二位媽媽希望孩子能夠準備充分迎接考試，但是說話

第三章 重啟：修復親子關係，讓愛在對話中流動起來

的方式是指責和挖苦，讓孩子的內心感受很不舒服，或許會產生情緒上的對抗。

第三位媽媽接納了孩子的感受，孩子會認為，「媽媽是理解我的，我此刻的感受有人懂，並且我也是被接納的，沒有被否定，也沒有被批評指責」。孩子在被接納的一瞬間獲得了與媽媽溝通的安全感和信任感，所以孩子會願意跟媽媽繼續聊一聊。

前面兩句很「負能」，讓人聽了感覺很糟糕，並且也沒有辦法讀懂父母的愛。後面一句很「賦能」，讓人聽了之後內心舒服多了，孩子也在與家長的溝通中獲得了愛與支持的力量。

第三位媽媽沒有試圖去平息孩子的情緒或者幫助孩子解決問題，只是做到了接納孩子的感受。感受即是一個人當下的自我，當感受被接納時，孩子會感受到父母的理解。而且感受一旦被接納，孩子的負面情緒會透過與父母的溝通慢慢消散，就像結成一團的泥被水流疏散開來。當孩子不再受負面情緒困擾的時候，他的「理智腦」就會開始工作，會自發地去尋找解決問題的辦法。

沒有一個人可以去控制別人的大腦，企圖用說教或否定的方式去改變孩子大腦裡的運行軌道是不可能的。但是接納可以，接納可以讓「情緒腦」的大潮收回，「理智腦」才有機會啟動。所有的孩子都渴望被理解，而不是被糾正。

這裡介紹一下接納孩子感受的三個步驟：

第一步：換位思考

一個人想什麼，決定了他會說什麼。當孩子滿面愁容地說他面對考試很緊張的時候，如果父母當時想的是「平時不努力，考試就茫然！複習時不著急，現在不知所措了吧？」有了這樣的想法，說出來的當然就會是「你剛剛去幹嘛了，現在才知道晚了。早點花時間好好複習比什麼都強」。這種思考方式是站在孩子對面，是以家長為中心的思考方式。

而接納孩子感受的第一步是要站在孩子的角度去思考，比如「對於一個孩子來說，每一次考試都是個小壓力呢」！有了這樣的思考，說出來的自然也就是接納的語言。

第二步：感同身受

換位思考之後，父母可以進一步體會孩子還會有怎樣的感受。「考試前確實會緊張，就好像我每次開會要發言一樣，前一天晚上都睡不好」。只有當父母設身處地去感受孩子的感受，才能夠做到真正理解孩子。而且父母的回應也不再會讓孩子感到敷衍，而是很感動。

第三步：情感回應

父母在感同身受的環節，要先找到孩子的情緒詞，比如「緊張」「焦慮」或者「煩躁」，接下來把自己感受到的內容，

組織語言說出來。比如「你好像很緊張」「你一定感到有些焦慮」。除此之外，還可以視當時的具體情況，孩子如果願意接受，可以有撫摸或擁抱等安慰的肢體動作。

換位思考是「想法」，感同身受是「體會和覺察」，情感回應是「表達」。

練習：

◎孩子：今天數學老師又把體育課拿去用了，真煩人。

◎家長：老師還不是為你們好，這麼負責的老師去哪裡找！

◎孩子：不跟你說了，什麼都不懂！

【換位思考練習】對於一個孩子來說，體育課是很值得期待的，輕鬆又好玩。

【感同深受練習】體育課被換成了數學課，不管數學課有多重要，孩子一定還是會感到很失望，可能已經說好跟誰組隊打籃球的計畫也泡湯了。

【情感回應練習】如果期待了一週的體育課突然被取消了，你也一定很失望。

接納孩子的感受三步驟是父母搭建的一座橋，這座橋通往孩子的心。需要家長注意的是，接納感受就好像下雨天，父母與孩子同撐一把傘。有時候很快就雨過天晴，有時候小雨淅淅瀝瀝，這把傘要撐很久，這時確實需要家長有足夠的耐心！

二、「低碳」溝通法，把主場還給孩子

話不投機半句多，即使投機也不能隨便說。

【「話不投機」型】

「真倒楣，我新買的耳機又丟了。」

「怎麼又丟了，你就差把自己也弄丟了！」

「砰——」（關門聲）

【「費力不討好」型】

「真倒楣，我新買的耳機又丟了。」

「那你有沒有問問同學看見了沒？」

「都說沒看見，肯定是被人偷了！」

「要不你找老師調監視器看看？」

「老師才不管這些雞毛蒜皮的小事呢！」

「這可不是小事呀，偷東西是道德問題，班級裡有小偷，那就一定要找出來，他今天偷了你的，明天可能又偷別人的，不追查就是對壞人的姑息呀！」

「哎呀，你別煩了！」

「聽媽媽的，這個事情要去追查一下。你也別一直想著這件事情了，媽媽再幫你買一個。下次你可要保管好了，隨身帶著就不會丟。自己保管好比什麼都強，就算是有人偷，他怎麼不偷別人的，專門偷你的呢，還不是因為你一天到晚總是粗心大意的。」

第三章　重啟：修復親子關係，讓愛在對話中流動起來

「煩死了，我也不要了，你以後什麼都別買給我，買了也會丟！」

「哎，你這孩子……」

【「低碳節能」型】

「真倒楣，我新買的耳機又丟了。」

「哦，是嗎？」

「倒楣透了，上個月丟一個，這個月又丟一個！」

「我記得當時你非常喜歡那個款式。」

「我要去問一下我們小組的同學有沒有人見到過。」

「嗯，好主意！」

「話不投機」型的對話往往就是由父母的責備、說教、威脅、嘲諷等方式而起，讓親子對話無法繼續。

「費力不討好」型的對話中，這位媽媽非常盡心盡力幫孩子分析、出主意，但是最後仍然不歡而散。「低碳節能」型的對話中，這位媽媽很簡單的幾句話，不僅讓孩子沮喪的情緒得到緩解，孩子還能夠主動去想解決問題的辦法。

「低碳節能」型對話與前兩種對話有哪些本質上的不一樣呢？

1. 親子界限清晰

在前兩種對話當中，孩子因為丟了耳機而十分沮喪，媽媽聽到這件事情之後，都被捲入這個事件以及情緒當中。而

「低碳節能」型對話中，媽媽一直是以一個旁觀者和支持者的身分與孩子溝通的。

與青少年的界限感，是父母時刻都需要注意的，分清什麼事情是孩子的，什麼事情是自己的，孩子的事情就交給孩子去完成，解決問題的主場也要還給孩子。父母不能一直占據主場不放權，或者放權還要帶著「恩賜」的施捨感。在「低碳節能」型對話中，這位媽媽只是很簡單地回應孩子，這就是配角的作用。如果相聲當中捧哏比逗哏說得還多，那就越位了。

對自己人生的掌控權，這是孩子本來就應該有的。孩子能夠自己面對問題、解決問題，這不正是父母所期待的嗎？而不是事事都要父母參與，等孩子有一天沒有辦法解決問題的時候，又要埋怨孩子脆弱、無能。

在前兩種對話中，還有一個有趣的細節，本來孩子是因為丟了耳機而產生負面情緒，可是回家跟媽媽傾訴之後，媽媽「成功」惹火燒身，把孩子的情緒轉移到了自己身上，最後孩子產生負面情緒的主因已經不在丟失了耳機這件事情上，而是在於對媽媽溝通的失望。

親子關係界限清晰，父母能夠真誠地在孩子有需要的時候予以陪伴、聆聽、共情，就是對孩子最大的支持，絕不是越俎代庖幫孩子解決問題，或者讓孩子按照自己的辦法去解決問題。

2. 不用「腦」,只用「心」,簡單回應

「低碳節能」型還在於家長不需要長篇大論,不需要動用很多「頭腦」來幫助孩子,用心就夠了。在「費力不討好」型的對話裡,媽媽真的是動用了很多腦細胞,想了很多辦法,卻一個個被孩子否認,媽媽會有挫敗感和無力感,孩子也有焦慮和煩躁。即使媽媽的建議被孩子採納,這也不是一個好辦法,因為在這個過程當中,孩子沒有調動自己的努力去解決問題,問題是媽媽解決的,孩子仍然會有無能感。

與前兩種類型的對話比起來,「低碳節能」型的對話中,媽媽很輕鬆,並沒有挖空心思去想辦法,也沒有為此焦慮著急,她只做了一個好的聆聽者、共情者,她不用「腦」,只用「心」。當孩子傾訴時,她給予關注,當孩子表達時,她及時共情。

回應的時候話語簡潔很重要,因為話說多了,就容易用「腦」,簡單回應除了「哦」「嗯」等表示聆聽的詞語,還有一些適合的語句供家長們參考。

◎	嗯,我明白了!	◎	那你的看法呢?
◎	是嗎!	◎	怪不得!
◎	原來是這樣!	◎	(重複孩子的部分語句)
◎	然後呢?	◎	繼續,我在聽。
◎	真的嗎?	◎	很有意思,這我真沒想到過。

◎ 跟我講講。	◎ 這似乎對你很重要。
◎ 我很想聽你說一說。	◎ 謝謝你把真實感受告訴我。

「低碳節能」型對話中，父母很容易做到不帶情緒，而孩子也不會進一步被父母的情緒所感染。親子溝通「少」就是「多」，當父母把主場還給孩子，父母輕鬆，孩子會獲得成長。因為他能在這個對話中感受到父母的尊重，更容易引發他積極主動思考。

三、放下非黑即白，
「更多可能」讓孩子減少牴觸

「你必須……」「不……怎麼能行？」「一定要……否則就完了！」「絕對不可以……」……

讀一遍這些句式，讓人有什麼感受？是不是感到壓抑、緊張甚至絕望？這些句式的共同特點就是固定思維、缺乏彈性。

大多數父母為了提醒孩子注意，為了引起孩子重視，常常會用這樣的句式來告訴孩子，要按照父母說的做，否則後果很嚴重。這類束縛感很強的語句，會讓孩子觸之即逃，牴觸與家長繼續溝通。

比如早上叫孩子起床時，父母大喊「馬上起床，再不起來就遲到了」這種不容置喙的語氣，讓孩子除了服從別無他

選,而處於「隧道期」的孩子在被命令、被威脅的時候,就很容易激起他的反抗。「遲到就遲到,不用你管」「那就不去了,我本來就不想去」!這樣一來,衝突在所難免。

非黑即白的溝通方式很容易讓溝通碰壁。

生活本來就有無限可能,溝通也不例外。如果父母學會「更多可能」的溝通方法,就會發現和孩子的溝通非常有彈性,可進可退,孩子也不再牴觸與父母溝通。

1. 提供選擇

還是用早上叫孩子起床這個例子,父母可以為孩子提供選擇「現在是 7 點 20 分,你要現在起床,還是 5 分鐘之後再起床?」這種溝通也容易被孩子接受。更重要的是,選擇是有力量的,因為是他自己做的決定,而非別人的決定。

在提供選擇時,要注意選擇的可行性和真實性,比如孩子胃口不好,父母問孩子:「是你自己吃,還是我餵你呀?」這樣的選擇對於十幾歲的孩子來說不是選擇,而是羞辱和嘲諷了。

2. 給參考而非答案

很多父母會習慣於讓孩子「按照我說的做」,理由是「父母肯定不會害你,告訴你的肯定都是最寶貴的人生經驗,你值得擁有」。問題是孩子往往不願意接受,孩子不願意接受的通常不是父母的方案,而是父母頤指氣使的態度。

第二節　用心連結，化對抗為聯盟

如果父母把建議方案當成是一種可選參考提供給孩子，孩子就容易接受得多。比如，「這是其中一種方法，有時會有用，你可以試試看」。這向孩子傳遞的資訊是，除此之外，還有更多可能值得去探索。

3. 肯定孩子的不同觀點

當孩子跟父母觀點不一致時，即使孩子的觀點很幼稚，父母也不要急於否定他，而是讓孩子知道他的觀點也很可貴，是有價值的。

比如父母可以說，「你這個想法很獨到」「我像你這麼大的時候肯定想不到這一點」，而不是直接否定孩子說「你怎麼會有這麼可笑的想法」「這個想法根本就不切實際」。否定只會讓孩子在未來面對問題時感到膽怯和無能為力。

非黑即白的固定思維，不僅框住孩子的思維，也可能框住孩子的人生。假如孩子會對父母的話深信不疑，那麼孩子就會生活在這樣的固定思維當中，生活在這樣的桎梏當中。比如「考不進前三十名，你什麼大學都去不了」，那假如孩子考了第三十一名，他會不會很灰心喪氣？會不會覺得人生無望？

每一個生命體的潛能都是值得敬畏、值得期待的。我從小到大在美術課上都沒有畫好過一個完整的人物，但是卻生出兩個可愛、漂亮的寶貝，所以說他們從來都不屬於我，也不是我創造的，我也不需要去用有限的自己去框住無限的他們。

四、改變溝通站位，成功與孩子結盟

我有一組來訪家庭的親子關係很緊張，父母反映最多的就是孩子整天跟幾個同學混在一起，受同學影響很大，對父母的話從來都不屑一顧，甚至反抗到底。最近因為一個同學整天逃學，他也跟著不上學了。

在父母參加了一段時間的學習後，親子關係得到了一定程度的改善，而有一次爸爸的一個舉動，促成了孩子非常大的轉變。

就在孩子不想上學的某一天，有一位鄰居劉阿姨來家裡借東西，他們那棟樓裡住的都是多年的老鄰居，很多人還是同個公司的，彼此之間很熟悉。劉阿姨臨走時很好心地跟孩子的父母說，「孩子不上學怎麼行呢，得想辦法讓他回去」。孩子的爸爸後來說，如果放在以前，他可能會應和劉阿姨的話，會說「就是啊，現在的孩子太難管教了」或者「我根本不指望他能學好」之類的話，但是這一次，他突然站在孩子的角度上說：「孩子是因為上次月考太累了，所以休息幾天，過幾天就好了。謝謝劉阿姨關心！」

這一天，孩子晚上沒有出來吃飯，父母心裡很忐忑，不知道他又在想什麼。誰知第二天一早，孩子自己起床收拾整齊去上學了，從那以後孩子與父親說話的態度也改變了很多。

1. 父母給孩子「面子」，孩子還父母「裡子」

這對父母回想起這件事感觸很深，父親的一句話幫助孩子在外人面前維護了自己的「面子」，讓他們從「敵軍」變成了「盟軍」。在外人面前給孩子「面子」，其實表達的是父母的信任和尊重，當孩子感受到這份信任和尊重時，就會更加願意尊重父母。孩子就會更容易進入高能量循環中，自尊水準得到提升，與自尊水準匹配的行為表現就會越來越多。

反過來，如果這位爸爸當時說的是：「我根本不指望他能學好！」孩子可能會自我否定、自暴自棄，其行為也會隨之匹配他的內在感受。

2. 只用肯定來糾正

有個「是或不是」的小遊戲，遊戲規則就是不論對方說什麼，都不可以用「是」或「不是」來回答。一旦說了這兩個詞，遊戲就輸了。

在這裡也教給大家一個很類似的親子溝通的小遊戲，遊戲規則是不論孩子說什麼，父母都要想辦法說出肯定的話語，同時又不能是虛假的。

比如父母正為「孩子讀書不認真，但是卻很在意穿著打扮」這件事發愁，之前父母可能會說：「認真點讀書好不好？」「學生還是穿得樸素一點比較好！」但這些都不是肯定語句，如果用肯定語句可以說：「你對時尚潮流很敏感，上次看到

××時裝秀裡面有這個款式。」

父母無須糾結「那我就不督促孩子讀書了嗎？」就好像是在一個人的面前有一顆珍珠卻拿不到，但還有一顆寶石可以拿到，這個人很憂愁地說：「那我就不要珍珠了嗎？」不要因為拿不到珍珠，寶石也丟在一邊。既然現在是拿寶石的好時機，就不要錯過。

肯定語句就是幫父母看到寶石，並提供及時摘取寶石的方法，誰能說這孩子以後不會在時尚界有所發展呢？

記得後面一定不要加「但是」，因為父母真誠地表達，比表達的內容更重要。肯定語句練習多了，也會讓你發現孩子更多的優點，孩子也會變得越來越優秀。

第三節
治「尬聊」，不再做親子對話終結者

一、孩子最討厭父母說「聊一下」

提到親子溝通，很多父母都會認為要針對孩子的某些問題很正式地「談一談」，頗像上司找下屬談話的感覺，話題很嚴肅，氣氛假裝很輕鬆。

孩子每次接收到父母「聊一下」的邀請時，都心存忐忑：「是好事還是壞事？」「又有什麼小辮子被抓住了嗎？」「老師又投訴了嗎？」

於是有的孩子會逃避說：「沒空，明天再說。」「我在忙！」

也有的孩子會戴著防備的盔甲來「聽聊」，他只是來聽聽父母要說什麼，面對父母的問題一概用沉默來回答。

不管家長內心懷揣多少真誠和熱情，但是這種正式的聊天方式確實不受孩子歡迎。因為這種「聊一下」，往往帶著父母高高在上的威壓，帶著要糾正他的目的，孩子其實是帶著被批評的心理準備來赴約的，所以，即使聊上了，也很難會有正面的效果。

第三章　重啟：修復親子關係，讓愛在對話中流動起來

其實親子溝通可以以更輕鬆的方式來進行，下面介紹幾種供家長參考。

1. 創造共同活動

適用於與孩子關係恢復的初期。正襟危坐地聊天是非常有壓迫感的，可以選擇在親子共同做一件事情的時候來聊。當然話題選擇也有禁忌，請根據具體情況來定。比如一起包水餃、一起散步這種非正式的活動，都會比較容易開啟一段輕鬆的聊天。

外出吃飯或喝咖啡的時候，在一個比較新鮮且相對開放的環境中，父母和孩子都會感到「安全」，雙方都會認為對方在公共場合說的話會稍加斟酌。而且這種環境更容易讓孩子感受到尊重和平等，家長也更能體會到聊天的時間很從容，因為在家裡，孩子總會問「說完了沒」，然後急著回到他的小世界。

2. 設立家庭對話小項目

適用於已經與孩子建立了較好的連結階段。可以設定幾個家庭內訊息通知的有趣方式，比如「廣播通知」和「叮咚訊息」。父母可以和孩子共同設定規則。

比如「廣播通知」，可以是某個家庭成員釋出一條「廣播通知」後，其他家庭成員只能聽，一定要在隔天之後才能給回饋，當下不可以。好處就是其他家庭成員可以沉澱一下這

個資訊，經過慎重思考後再回覆，避免因為考慮不周，或者情緒的原因而引發衝突。

比如「叮咚訊息」，可以是某個家庭成員宣告要釋出「叮咚訊息」了，那所有的家庭成員都要暫時放下手裡的事情來回應這個訊息。這類訊息適用於提醒大家關注，避免因為各忙各的時候，忽略了家人迫切想要溝通的感受。

3. 召開家庭會議

適用於已經與孩子建立了較好的連結階段。可以每週固定時間開一次家庭會議，有固定的時長，比如 15~30 分鐘，讓孩子沒有壓力。想要開好家庭會議，以下幾點注意事項一定要做到：

(1) 不是家長一言堂，大家輪流發言

好多父母將家庭會議開成了公司會議，上司發言之後，大家點頭鼓掌，最後默默散會。家庭會議和公司會議有很大差別，家庭會議是家人情感連結的紐帶，是在家庭裡正式賦予孩子權利和尊重的場合。建立無差別輪流發言的機制是重要前提，好的家庭會議可以讓孩子不斷生出自信、自尊、自我接納以及自我負責。

(2) 零評判零說教，充分尊重

在議題討論的環節，家庭成員要做到不評判對方提案的好壞對錯，充分尊重每一個家庭成員的想法。但也不意味著

所有的提案都會被採納，因為最後要投票決定，全票通過的提案才會被採納。

(3) 過程要愉悅，結束要開心

有的家庭會議，開著開著就不歡而散了，原因多數是沒有做到以上兩點。試想一下，當「不歡而散」的感受與「家庭會議」連繫起來的時候，大家是否還願意再參加一次呢？大家心裡一定是有陰影、有壓力的吧？

家長在會議中是與孩子平等的對話角色，但是在會議的掌控上仍然是靈魂角色。除在會議過程中一定要做好前兩點之外，會議結束時大家的心情也非常關鍵。有研究顯示，最後15分鐘的感受決定了參與人對活動的認知，也就是說如果最後15分鐘很開心，孩子會認為這件事情真不錯，下次再參與的意願度也會更高。結束時可以一起玩個小桌遊或者吃份甜點，開心結束，留下美好記憶。

二、話不投機半句多，「六不原則」帶父母避開「惹人嫌」的地雷

當家長們已經跟隨這本書實踐到這個章節的時候，與青春期的孩子暢快地聊天，已不是什麼難事。但有時候也會遭遇聊得好好的，孩子突然興致全無不想再聊的情況。父母一不小心又成了「話題終結者」，這有可能是剛好觸犯了親子溝通「六不原則」的某一條。

第三節　治「尬聊」，不再做親子對話終結者

與青少年溝通「六不原則」：

1. 不在備考時聊考試

考試前，父母總想為孩子打打氣、加加油，希望孩子能量滿滿考出好成績。考試對孩子來說總會是一種壓力，壓力在適當的範圍內，可以提起人的警覺和注意力，是有利因素。但如果壓力值太小或太大，都會讓有利程度降低。而父母在孩子考前聊考試往往會為孩子增大這種壓力，尤其是父母反覆強調考試的重要性，或者對孩子的擔心，都讓孩子處於緊繃、擔憂甚至煩躁的狀態。所以備考期間要盡量不聊考試。

如果孩子過於緊張，可以引導他們放鬆心情；如果過於放鬆，也可以提醒他們做好第二天的準備，早點休息。

2. 不在考試後聊成績

考後如果成績好，孩子當然會願意聊。但是青少年往往都不太樂意聊考試成績，考試成績出來時就已經成為過去，不管是好是壞，都要向前看。我們要懷著向前看的態度，再去總結考試中的得失，而不需要在成績上過多關注和討論。

3. 不在開始時講過去

新年、新學期乃至新一週的開始，都是個全新的日子，全新的期待。父母有可能會跟孩子聊一聊接下來的規劃，一

定要注意的是,不要談及「不要再像去年一樣……」「改掉上學期的毛病」「這次不要再犯」這些話題。翻舊帳不僅煞風景,而且會急速降低孩子的能量,因為這無異於在批評、指責,甚至是提醒,「別忘了,你還有那樣一個糟糕的自己,看看你的過去,多差勁」!

4. 聊往事不加油添醋

有時父母跟孩子聊聊自己的青春往事,孩子都非常樂意聆聽,原來父母也曾有過青春,也曾有過有趣的往事。這本來是個讓孩子和父母關係拉近的好話題,讓孩子感受到「原來父母也曾經跟我一樣」。可是如果父母想藉此來激勵孩子,往往會弄巧成拙。比如有的家長可能會炫耀自己當年的資優生身分,有的家長會憶自己的苦,思孩子的甜,這樣就成了另外一種形式的比較和說教,溝通難免無疾而終。

5. 聊童年不揚彼抑此

聊孩子的童年趣事也是孩子喜歡參與的話題,孩子會從童年趣事中看到不同的自己,有時也可以從過往的事情中找到力量。

聊孩子的童年往事有兩點需要注意:

第一,避免無限重複。孩子有一些珍貴的鏡頭是父母永遠甜蜜的回憶,但有時說多了就會變得索然無味。曾經有位媽媽講述孩子童年的一段故事很感人,我看見孩子聽了無動

於衷，就好奇地問孩子的想法，孩子莞爾一笑說：「老師，這個故事我媽遇到人就講一遍，我聽得太多了。」

第二，不與過去做比較。雖然過去和現在都是孩子的，但是如果父母總是過於懷念孩子過去的好，嘆息孩子現在比不上過去那麼乖巧懂事等，孩子聽了心裡仍然不是滋味，這與批評現在的他沒有什麼區別，而且好像還在暗指孩子的退步，這都會讓孩子想要遠離這個話題。

6. 時機不對不聊對錯

古人言「教子七不責」，非常有智慧。父母在與孩子探討是非對錯時可以參考。

第一，對眾不責：以免傷害孩子尊嚴。尤其是青少年很重視面子，可能會遭遇他當眾發怒。

第二，愧悔不責：孩子已經意識到自己的過失時，不要再咄咄逼人。

第三，暮夜不責：睡前不要為孩子帶來沮喪失落的情緒，影響身心健康。

第四，飲食不責：飯桌上不說責備的話，以免導致孩子脾胃虛弱。

第五，歡慶不責：孩子開心歡樂時，不要責備打斷，影響經脈暢通，不要見不得孩子高興。

第六，悲憂不責：孩子哭的時候，「理智腦」處於當機狀態。責備、講道理只會加重孩子的情緒負擔。

第七，疾病不責：孩子生病時需要的是溫暖和關愛，「讓你多穿衣服就是不聽」這類話就別說了。

家長還需要清楚的一點是，不管親子關係有多好，青少年都不太可能像小時候一樣整天纏著父母，滔滔不絕地講話，他們仍需要自己的空間，仍會有自己的隱私和祕密，這是長大應有的樣子。而親子關係應有的樣子就是在彼此尊重中相互滋養，相互支持。

三、換個角度說問題，孩子由對抗變感動

回想起最後一次與兒子的衝突，在我看來，當時孩子是莫名其妙地發火，而且把考卷都撕了，我過去輕聲問他怎麼了，他對我大吼讓我走開。我心裡頓時一股火直衝頭頂，心想：「我好心關心你，你還對我大喊大叫。」但是好在我忍住了，轉身去做其他事。

沒過多久，我又聽見兒子房間裡傳出很大的撞擊聲，我馬上聯想到他在傷害自己，於是又去敲門，大聲地喊著請他開門。他開門後滿臉淚水，仍然大聲說：「別來煩我！讓我安靜一下！」我堅持要進他房間，他大喊：「等一下再說不行嗎？！」

當我看到他房間裡被扔得到處都是的書，還有被暴力弄

壞的桌角，我再也按捺不住了⋯⋯接下來自然就是一陣激烈的爭吵。

　　吵的內容無非是孩子認為他沒錯，他也開門了，也讓我等一下了，我就是不肯給他時間。而我認為他情緒這麼糟，怎麼能坐視不理，難道還等他把家都拆了嗎？情緒再糟糕也不能拿物品發洩，這個家是我辛辛苦苦建立的，他怎麼就這麼不珍惜！有什麼事情可以跟我說呀！

　　孩子反駁道：「我拆哪了？都是我的錯行了吧！你出去吧，讓我靜靜，我不想跟你吵！」

　　母子之間的惡語相向、相互怨恨的眼神，彷彿彼此成了這世界上最遙遠的那個人。那一刻我就想摔門而去，然而，殘存的理智告訴我不可以，我不能讓我們的親子關係定格在這一刻，不能讓傷害停留在這裡暗自發酵。

　　於是，我迅速梳理情緒，思考到底發生了什麼？我想要的是什麼？此刻我發現，我為什麼要詢問，為什麼非要擠進門來，為什麼會說這麼多，原來無非是擔心孩子會傷害自己，看到孩子深陷糟糕的情緒之中，我希望自己能終止這一切，但是太著急反而把事情越搞越糟。

　　於是我坐下來，平靜了一下說：「是的，你之前跟媽媽說過，當你心情不好的時候，要給你 5 分鐘的時間。可是媽媽聽到你房間的聲音很大，就忘記這個約定了。其實，媽媽是因為心疼你！」說到這裡，母子倆都忍不住掉下了眼淚。從這裡開始，我們說了一些掏心掏肺的話。

第三章　重啟：修復親子關係，讓愛在對話中流動起來

當孩子最後願意跟我擁抱時，拍著他還因抽噎而顫抖的後背，感受他因為激烈情緒還在升騰的熱汗，我心裡一陣陣地痛。孩子面對「隧道期」情緒的野馬，不管他用什麼方式，都是在嘗試與之相處，這個小孩也在經歷他異常艱難的蛻變時刻。

在此之後，我們對彼此更多了一分理解，更多了一分信任，也多了一條可商量可探討的溝通通道。可能以後在我們之間還會經歷衝突，但是經過這一次，我們已經學會如何在衝突中嘗試理解彼此、支持彼此，並且把衝突對彼此造成的傷害降到最低。

1. 不只看對方，更要看自己

在這個故事當中，媽媽一開始的關注點更多在孩子身上，孩子發脾氣、摔東西、關房門，當媽媽以這樣的角度去跟孩子溝通時，爭吵不可避免地發生了。

後來媽媽在衝突中覺察自己：「我想要的是什麼？我為什麼要詢問？為什麼非要擠進門來？為什麼會說這麼多？」原來，媽媽想表達的是對孩子的關心，卻因沒有清楚自己的目標，而演變成了與孩子的爭吵。甚至，如果不及時覺察的話，媽媽很有可能會以為自己就是要制止孩子的不良行為的。

當媽媽及時認清自己的錯誤，並作了清楚的表達之後，親子衝突開始消除了。

2. 把挑剔轉化為「看見」

故事中的媽媽最開始看到的都是孩子激烈情緒的破壞性，但後來放下了對孩子的挑剔和成見，變為「看見」，「看見」孩子行為和思考中正面的一面。比如：

挑剔	看見
又發脾氣	孩子在嘗試與自己的情緒相處
竟然對媽媽吼叫：「等一下再說！」	孩子正努力自己調整情緒
拒絕交流	孩子即使很生氣時，仍很珍惜母子關係：我不想跟你吵架

親子矛盾在所難免，有矛盾也未必就是壞事。在矛盾中會讓父母和孩子更加清楚地看到對方的需求，是加深彼此理解的更好機會。

如果父母是真的想跟孩子溝通，就會發現每一次問題的出現都是一次契機，每一次矛盾和衝突都值得去感恩、值得好好利用，讓每一次矛盾成為孩子成長的機會。

第四節
家長越害怕管不住，就越容易失控

一、「抱持」型父母：能量給予者

「抱持」型父母在面對孩子的問題時，能夠對事態有很好的掌控性，並有能力引導局面向著良性方向發展。同時又能有力支持孩子成長。通常「抱持」型父母有如下特點：

1. 大一碼的心胸：給包容

這類父母的心胸會更大一些，能裝得下孩子的成長，包括他在成長中可能會犯下的錯和可能會走的彎路。因為孩子若想自己真正地長大，很多事情一定要親自去經歷。如果用容器做比喻，「抱持」型父母允許的「口徑」會很大，能夠等得起，能夠容得下。而不是一看到孩子犯錯就暴跳如雷，急於糾正。比如到了青春期，「抱持」型父母知道孩子將要開始人生的蛻變過程，容許他反駁自己的觀點，並能夠欣賞孩子有自己的見解。當孩子的情緒難以控制時，不是跟孩子一起爆發，或者批評孩子「怎麼會這樣」，而是去同理孩子：「你也很想控制情緒，但真的不容易對嗎？」

2. 大一碼的勇氣：給支持

「抱持」型父母的勇敢會更多一些，他們勇於給孩子支持，勇於給孩子時間和空間。比如爸爸在孩子被勸退的時候，勇敢地站出來支持孩子，勇於給孩子時間為他自己去成長，勇於給孩子空間讓他追尋自己的愛好。

3. 慢一拍的反應：給允許

「抱持」型父母反應會更「慢」一些，當孩子說出他的觀點時，他們不會馬上就評判或反對；當孩子不開心的時候，不會急於讓他忘掉不快，趕緊振作起來；當孩子無法解決問題的時候，不會立即給建議或解決問題的方案，他們會等待孩子，甚至有時會暫時保持沉默。但不是置之不理或放棄，他們一直在陪伴和支持孩子，告訴孩子「我等你準備好」。「慢」就是快，給孩子允許，孩子會還給父母驚喜。

4. 高一級的能量：給能量

往往「抱持」型父母的能量狀態比較穩定，會持續處於較高能量級別的狀態中。他們有較好的覺察能力，能夠分辨自己和他人的情緒狀態，能夠在事前、事中及事後妥善處理情緒。孩子跟這類父母在一起常常被賦能，會有新的思路被激發，會有更多的想法去傾訴，會有更活躍的思考模式，會有更正面和放鬆的狀態，會得到更多的開心和滿足。

二、「失控」型父母：能量剝奪者

1. 大一碼的掌控：剝奪力量

「失控」型父母都有更強烈想要掌控的心。「必須聽我的」，會強行要求孩子聽話，按照他們的規則做事。他們不喜歡的、不認同的規則就是錯的。會經常用對錯來說話，而不是用可能性來溝通。即使號稱給孩子自由，也無非是他們的「五指山」裡的自由。隨時隨地約束和糾正孩子，似乎所有的一切都按照他們的想法來，這個世界才正常。否則就會觸動他們的情緒爆發，或引發無休止的嘮叨模式。父母越喜歡掌控，孩子越無力，或者孩子為了拿回對自己的掌控權，而產生對抗。

2. 大一碼的焦慮：剝奪機會

「失控」型父母會有更多的焦慮和擔憂，甚至恐懼。他們擔心孩子做不了，害怕孩子活不好。他們擔心孩子玩遊戲影響讀書，可是當孩子說「我不玩了，去寫作業」，「失控」型父母又會擔心孩子是不是在騙他們。當孩子表現出對很多事物的好奇和興趣，他們會擔心孩子興趣太廣泛，樣樣通樣樣鬆；當孩子特別專注於某項愛好，他們又會擔心孩子興趣太單一，會不會影響全面發展。這種擔心不是對孩子的關愛，而是在讓孩子為他們的安全感買單。孩子會不敢嘗試，或者為了不讓父母擔心而放棄機會。畢竟小船停在港灣是最安全的，但這不是造船的目的。

第四節　家長越害怕管不住，就越容易失控

3. 大一碼的受害：剝奪歡樂

有的「失控」型父母的「受害者」情緒會更多一些，他們會認為自己付出了那麼多，犧牲了那麼多，卻沒有得到相應的回報。或者他們也會說「我為你付出了那麼多，不求你的回報，只希望你能夠……」，以父母的辛苦付出作為「要脅」，好讓孩子能夠順從自己的想法，聽從自己的建議。

如果父母經常說「我沒日沒夜地工作，還不是為了幫你創造好的學習環境，希望你以後能出人頭地過上好生活」，那麼每當孩子娛樂休閒的時候，就會有深深的負罪感，認為父母那麼辛苦，自己卻在玩樂，真的是太不應該了。孩子不敢體驗歡樂，不敢做「無用」的事，彷彿這樣做就會成為父母受苦的根源。

4. 低一碼的能量：剝奪能量

「失控」型父母的能量通常偏低或者像雲霄飛車一樣大起大落、不穩定。

能量偏低會給孩子「壓抑」的感覺，看到父母就好像頭頂飄過來一片烏雲，因為孩子知道下一秒不是被指責就是被說教，或者被吼罵。低氣壓狀態會讓孩子想躲避，想逃離，孩子跟家長在一起的時間無法放鬆，做事效率很低，甚至會常常意外「當機」。而孩子的表現又會招致「失控」型父母更大的負能反應。

第三章 重啟：修復親子關係，讓愛在對話中流動起來

能量不穩定會讓孩子無所適從。這類父母有時狀態很好，有時狀態很糟，孩子不知道什麼時候會不小心踩爆「地雷」，時刻心懸一劍，或者隨時要看父母臉色，盡量討好父母，以免惹火燒身。當孩子的能量都用來「對付」父母，那麼他用於成長和學習的精力自然就會減少。

三、愛回自己，方能愛滿則溢

很多人都會力爭做一個好媽媽或者好爸爸，甚至是「不敢不好」，因為如果做不好，內心會很愧疚。父母愛孩子沒有錯，想給他們最好的愛也沒有錯。只是，父母需要問一下自己：「我有給孩子愛嗎？我給出的是愛還是攫取呢？」這是個很令人痛心、很需要勇氣來面對的問題。

如果你有「失控」型父母的幾點表現，就要反思自己與孩子的相處模式了。往往「失控」型父母的行為反映出來的是他們內在的無力和無助，他們也不知道怎麼辦才會大吼，才會出言威脅，才會不停地擔心和控制。當「失控」型父母認知到自己的不足，不需要自責、不需要自我攻擊，先接納自己，有時還得學會「認」，這是走向「抱持」型父母的起點。唯有自愛，才有能力愛他人。

1. 假裝成「愛」的「黑洞」

心裡的愛，就像杯中水，杯中豐盈才有機會愛滿則溢，

才能把愛給孩子，給身邊人，或者給更多人。如果自己的內在都是枯竭的，一定沒有愛給別人。因為一個人沒有辦法給出他自己沒有的東西。

如果這個杯子上插滿了毒刺，這些毒刺有焦慮、逃避、不自信、自責、自我否定等，這些毒刺把杯子戳得千瘡百孔。杯中水順著這些漏洞不斷流掉，那他又如何能夠給別人愛呢？即使他收到很多愛、很多關懷、很多幫助，也可能會從這些漏洞中流出去。

甚至會像個能量「黑洞」，不停地從身邊人的杯子裡舀水，自己卻總是無法被填滿。他渴望，他需要，所以會不斷地攫取。比如特別希望孩子來完成自己的人生願望，比如用自我犧牲來強求孩子的回報，比如對孩子說「你看我的白頭髮都是被你累出來的」等。

2. 以「愛」為名的「毒刺」

杯子上的毒刺不僅會傷害父母自己，如果未經療癒，這些毒刺就會一直在，還會不停地去傷害身邊的人，包括自己的孩子。

很多父母不喜歡自己的父母曾經對待自己的方式，但現在卻用這些方式來對孩子，用那些曾經傷害過自己的話語再次去傷害自己的孩子。事過之後後悔不已，但下次還會重複。重複的原因就在於，這個毒刺仍然在，這個傷痛仍未被療癒。

3. 愉悅地接納自己，愛回自己

所以「失控」型父母更要學會接納自己、學會放過自己、學會愛自己。放過不是放棄，如果全然不管，而任其自然生長，也不是對自己好，而是放棄療癒自己的表現。

如果壓抑自己先去「愛」別人，比如說「我自己怎樣都沒關係，孩子最重要」，其實這是最大的虛偽。因為父母做出了犧牲和付出，就會對孩子有更大的期待，會有更大的攫取。如果孩子沒有做到父母所期待的那樣，父母就會生出極大的失望和憤怒，直到孩子無法承受。

自我負責就是對這個世界最大的貢獻，愛回自己也是對身邊人最大的善意。

四、去除「暗黑法器」，孩子愛上溝通

1. 來自「暗黑法器」的詛咒

每個人的潛意識都有三個來自黑森林的壞巫師，他們分別有三個暗黑法器：

第一個是「魔鏡」，當一個人帶上這面魔鏡的時候，這個世界就扭曲了，就失真了，不再是原來的樣子，讓人無法看到真相。

第二個是「黑冷窟」，如果一個人被黑冷窟控制，就會看到未來很多個可怕的結果。內心會充滿恐懼，充滿對未發生

事情的擔憂，會無休止地跟這些不存在的事情較勁。

第三個是「無影刀」，無影刀讓人防不勝防，它知道每個人的弱點，刀刀致命。這把刀就是不斷地批判、貶損，代表性的語言是「你不行，你做不到，你不值得」。

這三個壞巫師不僅會影響父母本身的工作生活，同時也會對孩子造成影響，成為孩子成長的束縛。

2.「魔鏡」對孩子的影響

如果父母的「魔鏡」是「事業成功就不會有婚姻美滿」，那麼孩子在追求事業成功的時候可能就會對婚姻悲觀。

如果父母的「魔鏡」是「有錢就變壞」，那麼孩子為了成為一個好人，可能就會排斥對財富的追求。

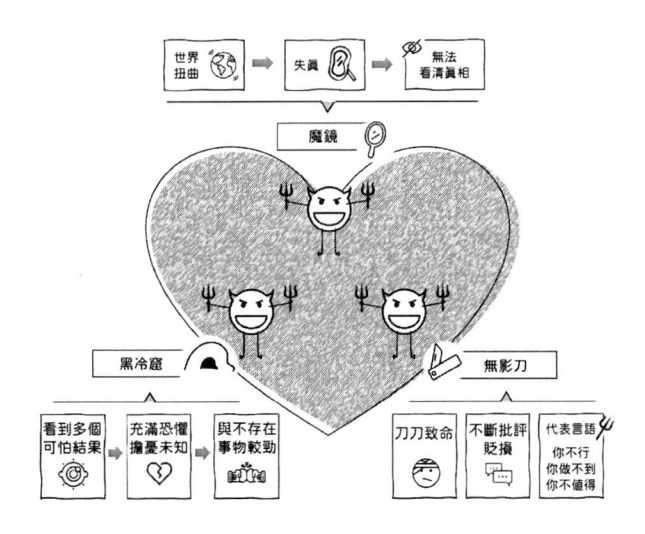

如果父母的「魔鏡」是「學好數理化才能有出息」,那麼孩子如果理科成績不好,就會一直為自己設限,認為自己不會有出息。

3.「黑冷窟」對孩子的影響

如果父母的「黑冷窟」是對孩子成長的擔憂和恐懼,比如擔心孩子考不上好大學怎麼辦,擔心孩子學壞怎麼辦,這些擔憂和恐懼也會籠罩著孩子的生活,使其失去陽光和快樂。擔憂往往就像咒語一樣,引導孩子一步步走向它。

而且這些擔憂和恐懼會對孩子造成巨大的壓力,因為孩子能感受到這對父母有多重要,「如果我沒有做好,可能父母會非常失望」。一旦真的沒做好,孩子會有深深的愧疚和自責,甚至會選擇輕生。

4.「無影刀」對孩子的影響

如果一個家長自己經常被「無影刀」以「你總是毛手毛腳的,總是把東西弄壞!」來攻擊,那麼,當孩子做事不那麼細心的時候,就會觸碰到「開關」,家長就會變身為「無影刀」,用一模一樣的方式來攻擊孩子。很多時候父母對孩子暴怒喝斥,其實是對自己內在攻擊的再現。

5.「暗黑法器」的破解之道

家庭是孩子成長的第一環境,父母潛意識裡的「暗黑法

第四節　家長越害怕管不住，就越容易失控

器」會深深影響親子溝通。所幸的是，這些「暗黑法器」看上去很凶險，卻是虛張聲勢，因為它們沒有「實權」。不管它把世界扭曲成什麼樣，不管它為人帶來多少恐懼和焦慮，不管它有多麼「致命」，當這個人有所覺察時，它是沒有辦法造成真正的傷害的。

比如當一個人覺察到，「我這個想法不是真的，無非是『魔鏡』想要干擾我」。那這個「魔鏡」就會自動消失，外在世界的真實樣貌就會呈現。

比如一個人覺察到，「我這些對未來的憂心忡忡其實是『黑冷窟』的幻象，並不是真的」。那這個「黑冷窟」的作用也會立即消退。

比如一個人覺察到，「這麼多的『負評』其實都來自『無影刀』的中傷，我才不會順從你意，拿起這把刀傷害自己呢」。那這把「無影刀」就根本起不了傷害的作用。

所以，決定用不用這些「暗黑法器」的人是自己，如果你被幻象迷惑，使用起它們，那麼你和家人都會被傷害。如果你決定不用，這些「暗黑法器」就只能銷聲匿跡。

當父母自身能夠去除掉這些「暗黑法器」的限制，親子溝通就會輕鬆、不被束縛。父母更加容易靠近「民主」狀態，而孩子在與父母的溝通中也會感到更溫暖、無壓力。

第三章　重啟：修復親子關係，讓愛在對話中流動起來

第四章
懂得：看見彼此，親子雙贏

了解孩子內在穩定「三角」，做「我懂你」的父母，學會「感受表達法」、「期待表達句式」、「二分模型」，就不難做到讓孩子覺得「你懂我」。巧借 DISC 熟諳孩子行為風格、五步法建立有效規則，輕鬆掌握與青春期孩子合作的祕訣。

第四章　懂得：看見彼此，親子雙贏

第一節　「我懂你」，對話孩子「冰山」下的內在需求

一、誰動了青春期孩子心理穩定的「三角」

許多探討校園暴力的電影或戲劇讓人們看到了青少年在這個特殊的年齡階段所遇到的成長壓力，有令人怵目驚心的灰暗，也有在黑暗中被點亮的希望。我看這類電影時也無數次地掉淚，無數次地感到心疼。真的希望每一個孩子，都能在他們成長的最關鍵時期得到有力的支持。

安全感、歸屬感和價值感是青少年最重要的幾項內在需求，是支持青少年獨立發展的基石。三角形是個穩固的結構，如果一個孩子的安全感、歸屬感和價值感都是充足的，那孩子這個內在三角就是穩固的，就更能夠支撐他順利地度過青春期。

但如果有某一個方面是缺失的或者薄弱的，都容易造成這個內在三角不夠穩固，當他遇到發展難題的時候，就很難有足夠的心理力量來支撐。就好比一個成年人在健康狀態時能夠扛得起一包 50 公斤的米，但是當他生病的時候，可能對他來說 10 公斤的米都是很大的壓力。

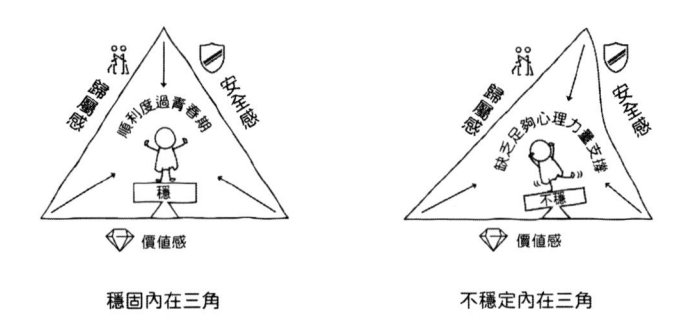

第一節 「我懂你」，對話孩子「冰山」下的內在需求

穩固內在三角　　　　　不穩定內在三角

1. 安全感是一個人渴望被愛、被關懷的心理需求

人人都渴望重要關係穩定、可靠、安全。安全感得到滿足的人在處理事情時，會有足夠的確定感和可控感。而缺乏安全感的人常常會有強烈的自卑和敵對情緒。

當一個人對一段關係感覺到沒有安全感，就會過分地想要抓住或引起對方的注意。對於孩子來說，父母的愛和關懷是安全感的最重要來源。孩子也會用各種方式來試探，從而來確定自己在關係中是否重要、是否安全，這份關係是否足以信賴。

由於青少年的自理能力已經很成熟，加上青春期各種獨立的表現，父母可能會誤以為他們已不再那麼需要父母的愛，這會導致孩子的安全感缺失。所以不管孩子多大，父母對孩子愛的表達都不可或缺，讓孩子確信任何時候父母的愛都在。

2. 歸屬感：歸屬是一個人與他所屬群體的內在關係

歸屬感是個體對特殊群體及其從屬關係的劃定、認同和維繫的心理表現。對於青少年來說，歸屬感可分為學校歸屬

感、同伴歸屬感和家庭歸屬感。三者都很重要，無論哪一個出了問題，都會影響孩子的心理需求。

（1）學校歸屬感。青少年如果在學校環境中得到老師和同學的接受、尊重和支持，他能在這個群體中找到情感訴求，就會認為自己是學校生活的一部分，會積極投入各項活動。學校歸屬感缺乏的孩子會對讀書失去興趣，責任心不強，不願意參加學校的活動，甚至不願意上學。

（2）同伴歸屬感。青少年的同伴包括同學，但不限於同學，同伴歸屬感缺失，會導致青少年社交意願低，缺乏興趣愛好。

（3）家庭歸屬感。有一個讓孩子放學就願意回去的家，對於青少年來說非常重要。家是所有人的歸宿，在家裡感受到溫暖、愛、安全、可依賴、被需要，這種踏實感可以抵擋外面的一切風雨和不如意。如果家裡充滿斥責、吵架和冰冷的感受，那麼孩子就不願意回家，他們甚至會在某次失望中選擇離家出走。

歸屬感缺失的孩子更容易迷戀手機或遊戲。

3. 價值感：自我價值感

價值感是指個體看重自己，認為自己的才能和人格受到社會重視，在團體中享有一定地位，並有良好社會評價時，所產生的正面情感體驗。價值感高的人自信、自尊、自強，不會輕易被他人影響，價值感低的人總會覺得不如別人，好

第一節　「我懂你」，對話孩子「冰山」下的內在需求

機會好事情輪不到自己，也害怕得罪人，做事畏手畏腳，不敢爭取利益，或者特別容易被別人的評價所影響。

比如有人說：「我不喜歡你！」價值感低的人會覺得很失落，很沒面子，或者惱火反擊：「我也不喜歡你！」「誰要你喜歡！」而價值感高的人會認為「你喜歡或不喜歡，跟我沒有關係」，或者「可是我喜歡你呀，跟你無關」。

對於青少年來說，自我價值感來源於父母無條件的愛和尊重，「不需要你成為什麼，不需要你會什麼，不需要你成績好，你已經值得擁有愛和尊重」。

父母在與孩子溝通，看到孩子出現問題時，發覺親子關係出現問題時，要多從這三個方面去嘗試理解孩子，去了解孩子的內在需求。

二、安全感 —— 你的愛孩子收到了嗎？

（1）青少年安全感探索方式

我有沒有獲得愛和關懷？我是不是父母最重要的人？父母和這個世界可靠嗎？值得相信嗎？

（2）青少年安全感確認方式

我是被愛和被接納的！我對父母來說非常重要，勝過一切！父母和這個世界都值得我信賴！

第四章　懂得：看見彼此，親子雙贏

青少年安全感被傷害方式

經常被否定、懷疑、指責，父母情緒不穩定、難以捉摸。

有個小故事，有一天老夫妻吃飯的時候，老爺爺把魚頭夾給老奶奶，老奶奶突然就哭了。老爺爺問她為什麼哭啊，老奶奶說：「我最不愛吃魚頭，可是30年了，每次你都把魚頭給我吃。」老爺爺一聽也哭了，說：「我最愛吃魚頭了，可是30年來，我把魚頭都給了你。」

這聽上去是個笑話，卻讓人心酸，老爺爺的愛，老奶奶並沒有收到，反而還讓老奶奶累積了這麼多年的委屈。

青少年需要安全感，需要確信沒有什麼可以動搖父母對他們的關愛──不管他們是否情緒起伏不定、是否達到父母的期待。孩子的安全感相當程度上來源於他能夠獲得父母足夠的愛和關懷。幾乎所有的父母都不會吝惜地給孩子愛和關懷，可並不是所有的孩子都能收到。

在與一個國二女生的訪談中，她告訴我最近兩年她在家裡從來沒有笑過，覺得沒有什麼事情能讓她開心。父親總是嘮叨她，讓她很厭煩，覺得跟父親距離越來越遠。父親看到訪談結果有點落寞地說，「難怪她跟我像兩塊同極磁鐵，我走到哪裡，她馬上就彈走，原來是覺得我煩。」而孩子跟我說，「在爸爸眼裡我做什麼都不對，他恨不得替我編個程式，做成機器人。」

而事實上這個父親對女兒特別疼愛，他不希望女兒受傷，不希望女兒犯錯，不希望女兒走彎路，所以會給女兒善

意的提醒,但是他的一番愛意並沒有被女兒收到。

透過訪談,父親看見了女兒對安全感的需求,之前他會更加關注女兒如何把事情做對,但是比把事情做對更重要的是父女之間親情的連結。

青少年在經歷人生走向獨立的蛻變中會更希望能夠確認父母的愛,這是他勇敢地向未來出發的原動力。

三、歸屬感——
世界那麼大,哪裡是接納我的地方?

(1) 青少年歸屬感探索方式

我屬於哪裡?哪裡可以讓我獲得愛和尊重?

(2) 青少年歸屬感確認方式

我是被需要的,我在這裡感覺很好。

(3) 青少年歸屬感傷害方式

排擠、欺負、孤立、冷處理,不被需要,多餘的。

青少年的歸屬感來自他所在的群體,比如家庭或學校。如果孩子的家庭歸屬感缺失,他就會不願意回家,如果學校歸屬感缺失,他就可能會厭學。孩子的歸屬感取決於這個群體對他的接納程度。有一句話是「刷存在感」,如果一個人在一個群體裡有存在感,他就願意在這裡待著,如果自己在這個群體裡是透明的、被忽視的、不被接納的,那他就不會有歸屬感。

第四章　懂得：看見彼此，親子雙贏

　　一位國三男生的媽媽非常苦惱於孩子總是玩遊戲。我在訪談的過程中了解到，從國一開始，媽媽就特別不喜歡他的朋友，他們一起出去踢足球，媽媽會認為他們不好好讀書只知道玩，不允許他跟這群朋友在一起，有時會當著朋友的面把他帶回家，每當這個時候，他都會覺得特別沒有面子，對媽媽非常牴觸。只要媽媽不讓做的事情，他都非做不可。於是親子衝突也與日俱增，家裡天天雞飛狗跳。也正是從那個時候開始，孩子只要玩起手機遊戲就一發不可收拾。

　　青少年跟同齡人的交往，是他在外面世界中確認自己的途徑，是孩子「同一性」發展的重要部分。夥伴關係對於孩子來說非常重要，而媽媽對孩子同伴的否定、不接納，以及讓孩子在同伴面前沒有面子的做法，讓孩子在這兩個群體的歸屬感都受挫了，於是孩子進入了手機遊戲這個虛擬世界，在遊戲當中去尋找確認，尋找歸屬感。

　　一本書當中有這樣一句話，「你如果能真心、平等地和孩子在一起，孩子是不會有網癮的。」這裡指的就是孩子的歸屬感。父母要讓孩子知道，在這個世界上，至少還有家，還有父母是接納他的。

　　當你對著那個摔門而出的少年背影聲嘶力竭吼出的不再是「你走了就不要回來！」而是「你走可以，但是別忘了回家吃飯！」那麼至少在這茫茫人世間，孩子知道家門會永遠無條件地為他敞開。

四、價值感 ── 我是不是一個有用的人？

(1) 青少年價值感探索方式

我是否值得獲得愛和尊重？我是否對別人有價值？

(2) 青少年價值感確認方式

我是有價值的！我值得被愛！我要，我願意，我負責！

(3) 青少年價值感被傷害方式

代替、批評、說教、貶低、漠視、嫌棄、控制、條件式。

青少年開始有了關於人生更多的思考，其中很重要的一點就是：我的存在有什麼價值？我是不是一個有用的人？

在電影《少年的你》劇情裡，男主角對女主角說了這樣一句話：「那說好了，你保護世界，我保護你。」這句話不是懵懂少年的情話這麼簡單，他以前是什麼樣的人？成績不好、從小混跡街頭、生活在社會底層、終日打架混日子，他可能覺得自己就是個沒有什麼價值的人，所以才會自暴自棄，但也因為女主角而找到了自己的價值所在。她是有抱負的人，她想保護世界，這是有價值的，男主角去保護她，那男主角也找到了存在的價值。於是，女主角成了他最想不顧一切去成就的希望。一個人一旦能夠確認自己存在的價值，他的世界才能真正地開始運轉。

可能有的家長會認為，「我的孩子很會讀書應該不會沒有價值感吧」。事實上，學業成績不是唯一的價值感所在，也不

第四章　懂得：看見彼此，親子雙贏

應該成為孩子唯一的價值感所在。

一位讀國二的品學兼優的女生，在訪談中反映出來的價值感非常低，這是父母始料未及的。原來孩子最喜歡的集郵，被媽媽說是「燒錢」，被爸爸批評為「不務正業」，孩子會因此產生自我否定，認為自己喜歡的事情毫無價值。而且一旦學業成績不好，父母的臉色就很難看，孩子認為只有讀好書，才能被愛，否則就不值得被愛。所以，即使別人覺得她是很優秀的孩子，但是她自己的內在價值感卻非常低，對自己很沒有信心。

真正的價值感是基於孩子的自我認同與自我接納的程度，而孩子能夠形成怎樣的自我認同和自我接納，與親子關係密切相關。當一個孩子因為成績不好，或者因沒有考滿分而被父母責罵批評時，孩子的價值感就會很低；而如果他因為大大小小的事情被肯定、被認可的時候，價值感就會像撲滿一樣，一點一點被塞滿。

對於青少年，父母能夠在具體事情上給他們的幫助其實非常有限，但在內在需求方面是完全可以給予孩子充足的安全感、歸屬感和價值感的。也就是說，父母完全有能力讓孩子有足夠的心理力量去面對人生困境或者挫折。

孩子們要開啟自己的小宇宙，要踏上自己的征途，那一切都是父母未知的將來，那裡寫滿父母無法參與或極少參與的故事。

雖然成長是自然而然發生的，即使什麼都不做，孩子也會長高長大，但父母對孩子成長的支持，卻往往不是自然而然發生的。父母也要感謝自己，開啟這本書，就是願意開啟一扇理解孩子的窗，願意架起一座通往孩子內心的橋梁，願意努力去做支持孩子成長的父母。

五、青少年「內在三角」狀況小測驗

真誠邀請青少年來做一下這份小測驗，並分別在情況符合的一欄打勾，如果打勾的項目超過 13 分，就需要得到父母的重視。

（參考數據：SI 家庭評量之青少年適應度評量）

安全感：（單選，請根據答題的感受程度，在覺得最可能的選項範圍中打「√」）	從不 ↓ 偶爾 (A)	有時 ↓ 經常 (B)	常常 ↓ 總是 (C)
1. 如果我表現得不如父（母）親預期，父（母親就會嘮叨個不停，讓我覺得自己很糟糕。			
2. 我向父（母）親發出需求資訊時，父（母）親經常沒有注意聽，或者不重視，不及時回應			
3. 我需要關懷的時候，父（母）親往往體會不到。他們來關懷我的時候，往往我並不需要。			

第四章　懂得：看見彼此，親子雙贏

安全感：（單選，請根據答題的感受程度，在覺得最可能的選項範圍中打「√」）	從不 ↓ 偶爾 （A）	有時 ↓ 經常 （B）	常常 ↓ 總是 （C）
4. 我很少有想要跟父（母）親聊天的意願。			
5. 在家裡我很少能夠感受到快樂和輕鬆。			
6. 父（母）親很囉唆，讓我很厭煩。			
評分 【（1）各題選擇 A 得 1 分、B 得 2 分、C 得 3 分；（2）將 A，B，C 各欄累加；（3）算 A＋B＋C 得出總分】	（總分）＿＿＿＿＿＿		

歸屬感：（單選，請根據答題的感受程度，在覺得最可能的選項範圍中打「√」）	從不 ↓ 偶爾 （A）	有時 ↓ 經常 （B）	常常 ↓ 總是 （C）
1. 班上大多數的同學都不肯定我，使我覺得自己並不是團體中的一員。			
2. 比較喜歡一個人單獨活動，而較不願意和他人互動。			
3. 師長讓我覺得有偏心的感覺。			

第一節　「我懂你」，對話孩子「冰山」下的內在需求

歸屬感：（單選，請根據答題的感受程度，在覺得最可能的選項範圍中打「√」）	從不 ↓ 偶爾 （A）	有時 ↓ 經常 （B）	常常 ↓ 總是 （C）
4. 我的父（母）親不歡迎我的同學或朋友到家裡來做功課或進行其他活動。			
5. 我覺得父（母）親不會相信我所說的話。			
6. 家裡的事情，父（母）親不會與我商量，或者不重視我的建議。			
評分 【（1）各題選擇 A 得 1 分、B 得 2 分、C 得 3 分；（2）將 A，B，C 各欄累加；（3）算 A＋B＋C 得出總分】	（總分）＿＿＿＿＿		

價值感：（單選，請根據答題的感受程度，在覺得最可能的選項範圍中打「√」）	從不 ↓ 偶爾 （A）	有時 ↓ 經常 （B）	常常 ↓ 總是 （C）
1. 父（母）親或老師認為課業好是首要大事，課業不好的孩子就不是好孩子。			
2. 跟課業無關的事情，我即使做得再好，父（母）親也不會誇讚，有時還會反對。			

第四章 懂得:看見彼此,親子雙贏

價值感:(單選,請根據答題的感受程度,在覺得最可能的選項範圍中打「√」)	從不 ↓ 偶爾 (A)	有時 ↓ 經常 (B)	常常 ↓ 總是 (C)
3. 我對於不知道的事或發生的原因不會有想去知道或進行了解的動機。			
4. 除了學業成績,我想不出還有什麼可以肯定自己的能力。			
5. 沒有哪門學科能讓我肯定自己有特定能力。			
6. 我覺得自己各方面都不如他人。			
評分 【(1) 各題選擇 A 得 1 分、B 得 2 分、C 得 3 分;(2) 將 A,B,C 各欄累加;(3) 算 A + B + C 得出總分】	(總分) _____		

「內在三角」各項總分結果:

6〜9分;請持續保持目前的心態與感受,對於課業會更好。

10〜13分;要注意一下有勾選 C 項目的題目,可以跟父母多聊聊,避免產生更多誤解。

14〜18分;你可能是想多了,可以跟父母先溝通,或是找學校的輔導老師協助。

第二節 「你懂我」，清晰表達，告別誤會

一、不再發火的「感受表達法」，讓孩子聽懂父母

父母與孩子溝通是希望彼此能夠聽懂對方，父母要及時把資訊和想法傳遞給孩子，並能夠形成有效的互動，親子之間會因為溝通而擁有更親密的關係。

人與人溝通有五個層次，由淺到深分別是打招呼、講事實、說觀點、循感覺、有默契。溝通一定是由淺入深的，比如一個人跟陌生人或者不太熟悉的人，就是處於見面「打招呼」的第一個層次，不太可能會跟對方說，「我今天太開心了」。

更進一步的聊天是「講事實」，記得學英語的時候，老師說兩個人見面打招呼之後，可以談天氣。一方面素有「雨傘之國」之稱的英國天氣變化無常，所以會更容易成為大家的談資，但更為重要的原因是「天氣」這個中性話題不涉及個人的隱私，比較安全無害。還有華人最常見的問候「吃了沒」都屬於講事實。

第四章　懂得：看見彼此，親子雙贏

　　第三個層次「說觀點」就是表達觀點和看法，當兩個人能夠交流對一些事情的觀點的時候，關係就更近一步了。但很多家長在這個層次就已經把溝通給扼殺了。

　　「你懂什麼，聽我的沒錯！」

　　「你不需要想那麼多，專心讀書就好。」

　　「這個想法太幼稚了，根本不可行，你連 xx 都沒考慮到。」

　　不允許孩子有觀點，或者打擊孩子都會讓親子之間的交流僅能維持在第一、第二個層次，彼此成了最熟悉的陌生人。

　　如果「說觀點」的溝通能夠順利進行，雙方溝通愉悅，那就有可能會在「循感受」的第四層次有更多的溝通，比如「這些事情曾經讓我很沮喪」。只有抵達感受的溝通，才能架起通往彼此內心的橋梁。

　　最後可以實現「有默契」，能實現這個層次的溝通，是親子之間彼此的幸運。

　　在這幾個層次當中，「循感受」是最關鍵的環節，但也是很多父母感到最難的部分。很多來訪家長會抱怨無法與孩子溝通，其實很多時候是因為父母不擅長表達自己的感受。

　　有一次我與很多父母在家長工作坊中做表達感受的練習，比如孩子晚睡覺，一位媽媽表達說「我覺得她應該早點

第二節 「你懂我」，清晰表達，告別誤會

睡」，然而這是表達想法，並不是感受。當我建議她可以嘗試用「我感到」來表達的時候，這位媽媽依然很茫然，想了很久說，「我沒有感受呀！我就是覺得孩子應該早點睡」。

這種情況在華人家庭中非常常見，人們不習慣表達自己的感受，以至於感受都變得鈍化。有人生氣的時候摔東西，有人難過的時候猛吃零食，有人煩躁的時候罵人，有人感到無助的時候只會抱怨⋯⋯這些不僅不能夠讓自己變得好起來，而且會讓自己跟對方無法溝通。

「媽媽，你生氣了嗎？」「我沒生氣，有什麼好生氣的，你只要好好讀書就什麼都好了！」

「你翅膀硬了，不用我們了，就把我們甩到一邊⋯⋯」

「你太讓我失望了！我就不應該生下你！」

「你就不能幫我減輕點負擔嗎，我都快累死了！」

在以上這些表達中，父母都沒有很好地表達自己的感受，因此讓溝通無法順利進行。而說不定有一天，孩子會套用父母的句式：「你根本就不應該生下我！」「我就是這麼沒用，你別指望我了！」⋯⋯語言是從環境中學習來的，孩子最大的語言環境就是家庭，每個人的語言、行為、思考模式都在相當程度上帶著原生家庭的痕跡。

父母與孩子的每一次對話，都是在為孩子播下日後與他人溝通方式的種子。當父母用表達感受的方式來完成這些溝

通的時候，就會發現有很大不同。

媽媽在說「有什麼好生氣」的時候，可能想要表達的是「我很擔心你寫不完作業，因為你今天看電視的時間超時了」。

家長在說「你翅膀硬了」的時候，可能想表達的是「我還沒太適應你已經長大，已經不再處處需要我們的事實，所以我覺得有點失落」。

家長在說「你太讓我失望」的時候，可能想表達的是「我有些困惑，這件事情我本來以為你可以完成得很好」。

家長在說「我都快累死」的時候，可能想表達的是「你把衣服到處亂扔，這讓我很煩躁」。

換一種更加貼近自己感受的表達時，對完成溝通目標會更有幫助。而且也能很好地幫助父母梳理自己的情緒，更重要的是，父母要給孩子一個正確的溝通示範，可以用這樣的不傷害雙方的方式來清晰表達自己。

二、期待表達句式，讓孩子學會理解父母

對話一：

父母：看你的房間亂得像個豬窩！我昨天剛收拾好，今天又亂成這樣！

孩子：誰叫你收拾了，把我的飛機模型都弄壞了我也沒說什麼。

第二節　「你懂我」，清晰表達，告別誤會

對話二：

父母：餓了才知道來找我，從來都不會主動幫我做點事！

孩子：那我不吃行了吧！（扔下筷子出門）

對話三：

父母：這麼大的人了，一點禮貌都沒有！我跟別人說幾句話，你總是來插嘴。

孩子：那我以後一個字都不說了！

好多青少年的家長一肚子苦水，認為孩子長大了，變得越來越難以溝通。其實未必是孩子變了，而是父母之前的溝通中存在的問題因為孩子到了這個年齡階段而浮出水面而已。之前孩子不敢說不、不敢反抗，現在孩子會立場鮮明地表達自己不願意接受。

上述例子當中的父母都有一肚子想要表達的話語，可是說出來不僅不能獲得孩子的理解和配合，反而還容易引發親子衝突。

這幾句話的共同特點是，前面一半是指責，後面一半是抱怨。家長們可以回憶一下，自己在生活中有沒有經常使用這樣的句式？

用這樣的句式溝通往往會引來孩子的反感和對抗，也會引發父母更多的負面情緒，並且達不到任何溝通的效果。孩子並不會因為這樣的溝通，下次就很好地保持房間整潔，

第四章 懂得：看見彼此，親子雙贏

也了解不到下次要幫家長做什麼事，甚至會想「你說我沒禮貌，好啊，那我就沒禮貌給你看」！

這些家長溝通失敗的原因有三點：

1. 溝通不是攻擊武器

如果父母用批評和指責作為對話的開頭，就相當於向孩子宣戰：「來吧，讓我們打一架。」溝通是達成雙方合作的工具，而不是攻擊對方的武器。

例句當中的「總是」「從來」是中傷親子關係的利器，因為它代表孩子過去不好，現在不好，甚至未來也不好。

2. 溝通不是情緒發洩

父母的抱怨嘮叨就好像被開啟了閘門的水庫，壓抑許久的辛苦、埋怨和委屈化成一句「都是你的錯」，像洪水一樣向孩子奔騰而來。孩子瞬間被父母的負面情緒所淹沒。溝通是雙方感受的流動，而不是單方情緒的發洩。

3. 沒有合理表達期望

在上述例子中，父母的表達唯獨沒有說明白他們期待什麼樣的合作，期待對方怎樣的回應。就好像一個人上了計程車，跟計程車司機講：「我很趕時間，你要快點開車，千萬別繞路。」但卻沒有跟司機說他要去哪裡。

如果這些話都可以重新說，要如何來表達自己才能夠

第二節　「你懂我」，清晰表達，告別誤會

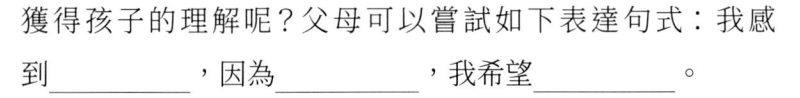

獲得孩子的理解呢？父母可以嘗試如下表達句式：我感到＿＿＿＿，因為＿＿＿＿，我希望＿＿＿＿。

在這個句式中，父母透過「我感到」表達了自己的感受。可能很多家長並不習慣表達自己的感受，需要透過生活事件多多練習，慢慢就會形成新的表達習慣。父母也一定會受益於這個新的表達習慣，因為當一個人可以很好地辨識自己的感受，並能夠很好地表達，就不會被情緒莫名地左右，從而獲得一份對自己情緒以及狀態的掌控力。所以說，孩子真的是父母生命的禮物，正因為與孩子相處的痛苦和困惑，很多父母開始覺知自我，向內探索，不斷完善，真正走上豐富多彩的人生之路。

「因為」是對事情簡要的描述，這個句式決定了這部分內容不能長篇大論，要盡可能簡明扼要地緊縮為一句話描述。

「我希望」表達的是父母這一次溝通的期待，期待越具體越好，因為這也是孩子下一步行動的參考。比如「我希望你能保持房間整潔」，就不如「我希望你能及時把垃圾丟掉」更具體、直接，更具有可執行性。

案例 1：

［原表達句式］

看你的房間亂得像個豬窩！我昨天剛收拾好，今天又亂成這樣！

［期待表達句式］

我感到很困惑／無奈／生氣，因為每次幫你收拾好房間，它就很快又亂了，我希望你能及時把垃圾丟掉。

案例2：

［原表達句式］

餓了才知道來找我，從來都不會主動幫我做點事！

［期待表達句式］

我常常感到很無助，因為一個人做家務，有時確實會忙不過來，我希望你在吃飯前能幫我擦擦桌子、端端飯菜。

案例3：

［原表達句式］

這麼大的人了，一點禮貌都沒有！我跟別人說幾句話，你總是來插嘴。

［期待表達句式］

我感到很不開心／不舒服／生氣，因為我跟別人講話的時候被你打斷了好幾次，我希望你可以讓我們說完之後，再來處理你的事情。

三、二分模型，讓父母遇問題不慌

家長在學習了這麼多的溝通方式之後，當親子關係再次陷入困境時，可能仍然一頭霧水，仍然無法確定這對應的是書上的哪一條。在家長不知所措的同時，就又走回從前溝通

第二節 「你懂我」，清晰表達，告別誤會

的老路，再次進入負能量循環中。

我根據多年的家庭諮詢經驗，總結了一個親子問題二分模型，可以幫助家長在第一時間做到較為清晰的認知，透過兩次二分法找到解題思路。

(一)第一次「二分」

當父母遇到任何親子問題或困擾時，都可以馬上把思路分成父母和孩子兩個部分：

1.「我的『濾鏡』是什麼」（想法）

親子問題二分模型

也就是說父母是怎麼看待這件事情的，在父母內心是怎麼定義這件事情的。為什麼說是我的「濾鏡」，而不是說「事

177

第四章　懂得：看見彼此，親子雙贏

情的真相」呢？因為往往父母如何看待這件事情並不等於事情的真相就是如此，如果把「濾鏡」當成「真相」，就很容易陷入失誤，並且大多時候，父母的困擾都是來自太把「濾鏡」當「真相」了。

比如當「濾鏡」是「孩子脾氣不好」，而真相是「他很想控制情緒，但是青春期的大腦發展還無法讓他馬上適應」，如果錯把「濾鏡」當「真相」，就會錯失與孩子連結和理解孩子的時機。

在這一步，只需要簡單找出「濾鏡」即可，不用去判斷這樣的想法是對是錯。

2.「孩子啟用了什麼樣的『保護罩』」（行為）

每個人的行為都是趨吉避凶的，都是由某種動能驅使的。父母可以透過孩子的行為表現，放下關於「對錯」的考慮，而是去思考，他這樣做是為了保護自己什麼？這樣做如何更加有利於自己？

為了能夠更好地找到「保護罩」，父母可以以「我」為主語來回答這個問題，也就是如果把父母放在孩子的角度，會如何回答，這樣會更加快速找到答案。

比如孩子玩遊戲滑手機這個行為的「保護罩」是什麼？有可能是「爸爸媽媽很少說我好，但是在遊戲裡大家都認為我很不錯，我在這裡很開心」或者「我很想跟同學們保持一致，

我不想讓他們忘記我的存在」。

在這一步,同樣地,只要簡單找出「保護罩」即可,不需要加上任何評判。

(二)第二次「二分」

再把孩子的「保護罩」分成父母和孩子兩個部分來思考:

1.「因為父母做過什麼,或者沒做什麼」導致孩子啟用了「保護罩」?這個問題指向的解題思路就是這本書中具體的親子溝通方法。比如「因為父母總是指責我」,那就可以調整溝通方式,多說「我」少說「你」,多關注孩子做到的,少關注孩子沒做到的。

2.「孩子有哪些未被滿足的內在需求」導致孩子啟用了「保護罩」?這就是解題思路,孩子未被滿足的內在需求,是安全感,還是歸屬感,抑或是價值感?父母可以按照書中的方法去重建、去賦能。

再來看「濾鏡」帶來的思考是什麼。透過「濾鏡」,父母可以覺察到「我的擔憂是什麼?」從而對照出自己內在的限制性信念或投射。這是透過孩子的問題反映了父母的內在,幫助父母的內在不斷成長,督促父母有意識地進行調整,不斷成為更好的自己,這是非常值得感恩的。父母可參考使用書中去除「暗黑法器」的方法去解題。

下面以「孩子經常撒謊,不說實話,媽媽多次指出都不

第四章　懂得：看見彼此，親子雙贏

改」這個困擾為例來運用二分模型，看看可以幫助家長獲得怎樣的解題思路。

【第一次「二分」】

家長的「濾鏡」是「孩子撒謊」——家長的擔憂是「害怕孩子學壞、害怕自己教不好孩子、自己小時候因為撒謊被責罵過」。

解題思路：去除「暗黑法器」。

孩子的「保護罩」是「害怕被媽媽責罵，渴望被認可」。

【第二次「二分」】

「因為父母做了什麼，沒做什麼」——孩子的想法是「媽媽很少認可我，發生了什麼事情都是別人對，我的錯」「我很希望媽媽能表揚我一次，誰知道被發現了是謊言。我不想承認，否則媽媽會認為我更差勁。」

解題思路：父母與孩子的溝通方式讓孩子感受到不被理解，在負能循環中，重建溝通管道。建立高能量循環的溝通，為孩子賦能。

第二節 「你懂我」，清晰表達，告別誤會

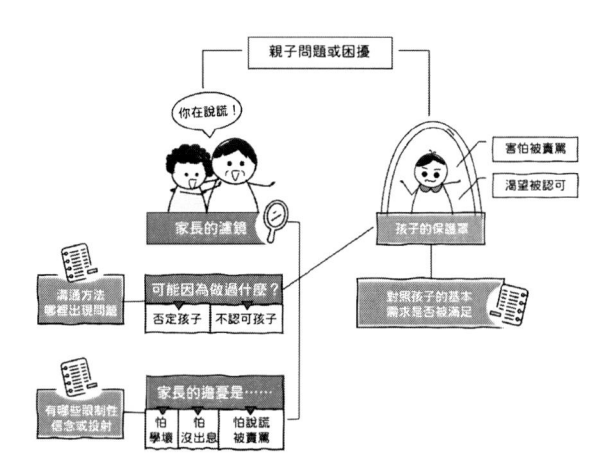

親子問題二分模型舉例

第三節
「看見彼此」，DISC 成就雙贏溝通

一、父母眼裡孩子的「叛逆」，
可能僅僅是因為不了解他的行為風格

「看到對方」，這是對個體最大的尊重。父母能夠根據孩子的不同特質給予恰當的引導，才是對孩子最大的支持。

美國心理學家威廉‧莫爾頓‧馬斯頓（William Moulton Marston）博士在 90 多年前提出了 DISC 行為分析方法，主要用於提升對人的敏感度，現在成為全球被廣泛應用的一款行為風格的工具。下圖是人力資源專家經由 20 年的本土化實踐後，被應用最多的 DISC 模型。透過這個模型可以了解一個人的行為傾向性，讓使用者更好地管理自己和影響他人。

假設幾個孩子在社區的樓下打球，突然被保全告知這裡不可以打球，孩子們的反應各不相同。

有的孩子說：「憑什麼不行，我們一直都在這裡玩的！」

有的孩子說：「叔叔再讓我們玩一下啦！我們馬上就打贏他們了！」

第三節 「看見彼此」，DISC成就雙贏溝通

有的孩子說：「我們去另外一邊玩吧，我們在這裡可能太吵了。」

有的孩子說：「這裡離社區還有一段距離，照規定這個地方是可以用來娛樂的。這個保全每天6點鐘都一定會來管閒事。」

面對同一件事，不同的孩子表現出來的行為完全不同。如果用DISC來對照，四個孩子在這件事情上表現出來的行為模式分別是D、I、S、C。

步調快、獨斷、直接、外向

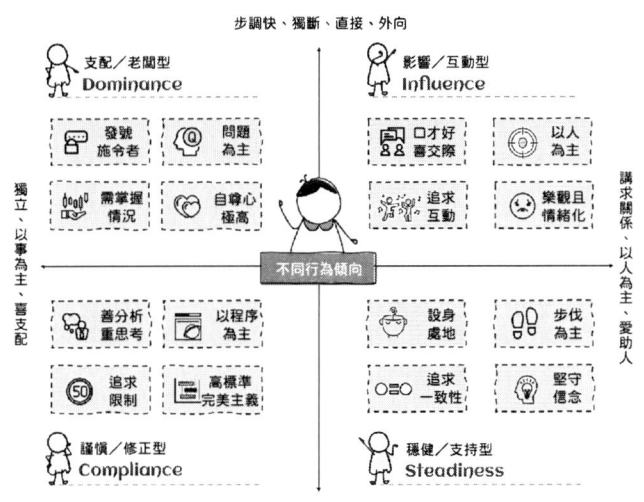

支配／老闆型 Dominance：發號施令者、問題為主、需掌握情況、自尊心極高

影響／互動型 Influence：口才好喜交際、以人為主、追求互動、樂觀且情緒化

獨立、以事為主、喜支配

講求關係、以人為主、愛助人

謹慎／修正型 Compliance：善分析重思考、以程序為主、追求限制、高標準完美主義

穩健／支持型 Steadiness：設身處地、步伐為主、追求一致性、堅守信念

不同行為傾向

內向、間接、保守、步調慢

DISC有兩個層面：一是關注人／事情，二是行動快／慢，把人的行為風格分為D、I、S、C四種特質。關注事情並且行動快的是D特質；關注人並且行動快的是I特質；關

注人並且行動慢的是 S 特質；關注事並且行動慢的是 C 特質。

透過這兩個層面非正式測驗的方法，父母可以大致了解自己和孩子平時使用較多的行為風格是什麼。

值得一提的是，每個人身上都有 DISC 四種特質，只是在某些時刻、某些場合，某一種行為風格會更突出而已。這四種行為風格沒有好壞、對錯之分，父母要充分了解自己，也應理解孩子免除誤會，只要善加運用，就會成就親子雙贏的溝通。

二、三步直達，更懂彼此

運用 DISC 實現親子溝通雙贏，可以按照以下三個步驟進行。

1. 第一步：了解時「貼標籤」

透過前面對 DISC 四種不同行為特質的介紹，父母可以對照自己和孩子的哪種行為特質更突出。

這看上去就是個「貼標籤」的過程，這個過程可以幫助父母更深入、更具體地了解孩子。

當父母了解到 C 行為特質高的孩子是多麼需要一個安全距離，那就不會為了表達親暱，而跟他勾肩搭背。

當父母知道 D 孩子會果斷快速地做出決定，那麼有一些

希望孩子能再好好思考的事情，就可以約他們明天某個時間就這件事再聊聊。

當父母知道特質是 I 的孩子為了不傷感情而退一步，就會心疼他，而不是就事論事，與孩子一爭高下。

當父母特別想了解 S 孩子的想法，那就鼓勵他先來發言，以免他因照顧他人的想法而跟從別人的觀點。

了解差異，讓父母和孩子對彼此多一分理解。當父母對孩子多了一分「人際敏感度」，孩子就會對父母多了一分「關係安全感」。因為孩子知道，父母懂他。

2. 第二步：認識時「撕名牌」

每個人身上都有 DISC 特質，在不同的情境下也可能會表現出不同的特質。很多父母經常會說，「我的孩子變了」「我都不知道他怎麼了」「我都不認識他了」等等，其實是父母沒有真正懂孩子，他不是變了，只是在某些時候表現出了不同的行為風格。

比如有的孩子到了青春期，他可能更加關注自己的外表，會更常使用 I 特質，有的孩子會去穿耳洞、燙頭髮，或者會有與眾不同的穿衣偏好。

比如一個平日更常具備 S 特質的青春期孩子，當他被父母偷看了日記，他在捍衛自己主權的時候，他所表現出的就是 D 特質。

第四章　懂得：看見彼此，親子雙贏

如果父母不了解 DISC，是不是在孩子暴怒著跟自己據理力爭的時候，極有可能會動用父母的權威跟孩子吵起來？「你怎麼可以這麼跟我說話！」接下來硝煙瀰漫的戰場也就可以預見了。

可是，如果換成了解 DISC 的父母，會在孩子表現出 D 特質的時候，繼續跟他硬碰硬嗎？一定不會。這就讓對方有了一份「關係安全感」。

智慧不在於話說得漂亮或者說得多有道理，而在於，當下這個人懂他。

3. 第三步：運用時「變形記」

當父母透過 DISC 了解自己和孩子的行為模式，並且有意識地去運用它時，世界就開始變得不一樣了。

比如我的兒子平時表現出來最多的是 S 特質，可是對於頭髮這件事特別具有 C 特質，比如鬢角多高、瀏海多長都有絕對細緻的要求，如果某一次理髮師「失之毫釐」，那這個小男生就會極為不爽。這時候如果用 I 特質跟他說：「我覺得差不多呀，挺帥的！」或者跟他開玩笑，肯定會點燃他的怒火。只有用 S 特質去同理他，他的情緒被安撫之後，等過幾天頭髮長長了也就好了。

雖然父母平時使用較多的風格未必是 S 特質，但毫不妨礙父母在合適的場景去很好地使用 S 特質。當然也可以在恰

當的時候,很好地用出 D、I、C 任意一種特質。在任何情況下,父母都有四種行為風格可以選擇如何來與孩子溝通。

三、與 D 行為風格孩子的相處之道

1. D 行為風格青少年表現

有主見,有自己的想法,喜歡說「不」,喜歡按照自己的方式做事。在家裡喜歡指手畫腳,不太容易聽別人的建議,有時不太能夠控制自己的情緒。意志堅定,決定的事情會想辦法做到。在青少年時期會體現為積極進取,願意承擔責任。喜歡試探父母的底線,看父母在多大程度上能夠接受。常讓家長感受到對立性強。這種特質會經常被孩子們用來引起家長的注意。

2. D 父母與 D 孩子

值得注意的是,很多不是 D 行為風格突出的父母,也會由於父母與孩子之間這種身分和角色的關係,而讓自己與孩子相處時成為 D 特質父母。

這時,父母經常會表現為希望速戰速決,馬上看到結果,快速解決問題,「你最好完全按照我說的做」。但如果跟孩子的 D 特質發生碰撞,就會形成僵局,並讓父母覺得權威受到威脅。這也給了家長反思的機會,如果父母一直強制要求孩子按照自己的意志做事,孩子就會用 D 特質來回應。

第四章　懂得：看見彼此，親子雙贏

「D」碰上「D」也未必一定就是劍拔弩張，因為他們都有旺盛精力，他們能夠共同完成目標，在求勝的事情上可能會攻無不克。由於他們都很喜歡在家裡指手畫腳，希望成為規則的制定者，父母和孩子可以嘗試劃定各自的權力範圍，這樣也能確保相安無事。

3. I 父母與 D 孩子

I父母很擅長激勵他人，D孩子目標感很強，做事希望得到結果。一旦取得了好成績，I父母也從不吝嗇讚美之詞，這會讓D孩子感受到被認可。很喜歡舞臺光環的I家長也因為D孩子而有了可以炫耀的資本。從這點上來看，他們真的是可以各取所需，相互滿足的一對組合。

但I家長的炫耀有時也會引發D孩子的反感，尤其是當I家長更注重感受和氛圍，而不重視條理性，往往就會被D孩子嗤之以鼻。

I家長喜歡人多熱鬧，但不一定非要帶著處於青春期的D孩子，或者可以先徵求他的意見。因為如果他不想去，就很可能會引發親子之間的爭執。

D孩子喜歡試探底線，而I家長和S家長的底線都比較模糊，常常會遇到D孩子得了一城還要十五城的權力侵占問題。所以對於規矩和約定的掌握，以及學習「溫和而堅定」中的「堅定」，都是I家長和S家長的必修課。

第三節 「看見彼此」，DISC 成就雙贏溝通

I 家長喜歡開玩笑，甚至以自嘲為樂。但青春期的 D 孩子很愛面子、自尊心很強，有些玩笑可能會讓他很難堪，很不喜歡。所以 I 家長對 D 孩子的幽默要有限度。

4. S 父母與 D 孩子

S 父母對於 D 孩子來說是最好的啦啦隊員，S 父母總能提供最好的支持，不會干涉、控制、限制孩子，讓 D 孩子有機會施展拳腳。

但是父母需要注意的是，一定要有限度，正如在 ID 組合當中提到的，D 孩子很容易「吃定」I 家長和 S 家長。因為孩子發現，只要多堅持一點，就會多擁有一點控制權。S 家長常常會因此陷入被動，面對 D 和 I 的時候，常常扛不住，就會變得比較沒有原則。

S 父母在與 D 孩子相處時，一定要學會照顧自己，奉獻型的 S 會更多地為孩子付出。而 D 孩子也真的會經常讓 S 家長筋疲力盡。要相信 D 孩子能管理自己，給他權力去做。同時，要讓 D 孩子學會尊重他人。

5. C 父母與 D 孩子

C 父母與 D 孩子總有一點合不上拍，尤其在速度上。D 孩子希望事情快點解決，呈現出往前衝的狀態，C 父母考慮事情會比較久，再想想、再等等。C 父母對 D 孩子常常是限制、潑冷水。D 孩子會認為父母懷疑他的能力，不夠相信他。

事實上 C 父母確實是在質疑，甚至還認為孩子做事不經大腦。

C 父母追求完美，D 孩子做的很多事在 C 父母眼裡都還不夠好，沒有達到預期標準。這對 D 孩子來說，是一件很洩氣的事。C 父母一定要多看到孩子的努力，及時鼓勵。由於 C 父母表達一向有理有據，他的讚美會讓 D 孩子更信服，更有動力。記得千萬不要在讚美之後，加上一句「但是你還有⋯⋯可提升的空間」。

在與 D 孩子一起設定目標、完成任務方面，C 父母可以成為非常好的支持者。千萬不要去控制孩子，這會讓孩子非常壓抑。

四、與 I 行為風格孩子的相處之道

1. I 行為風格青少年表現

I 孩子陽光、快樂，通常很受人歡迎。他樂於與人交際、喜歡互動，希望有表現自己的舞臺。他很幽默，也有表現力，能把大家的目光聚焦在他身上，他也很享受這種感覺。他喜歡漂亮、獨特的服飾，也喜歡使用誇張的表情和語氣語調。「哇，帥呆了！酷斃了！」都是他們的代表用語。

2. D 父母與 I 孩子

D 父母比較喜歡命令，這讓喜歡自由的 I 孩子很不爽，不爽到可能會用出 D 特質來跟父母對抗。

D 父母和 C 父母都不太能理解 I 孩子怎麼總那麼歡樂。面對孩子「今朝有酒今朝醉」的態度，D 父母會有很大的焦慮：「你沒有目標嗎？不用考慮未來嗎？」而 I 孩子就覺得 D 父母看不得自己開心，每次高興的時候，D 父母就黑著臉來指手畫腳。

D 和 I 的口才都很好，誰也不想隱忍，所以如果爭執起來，也真是火星撞地球，場面很「壯觀」。

其實 I 的努力方式就是「玩」，他會把自己喜歡的事情「玩」得很精彩，而不是埋頭認真地去做好。「玩」著做可以激發他更多的創造力，D 父母可以跟孩子定了目標後，設定玩的方式去完成，這樣仍然可以把任務完成得很好。

D 父母也可以邀請孩子的同學一起來玩。因為舉辦活動是 D 父母的強項，而玩好它又是 I 孩子的強項。

3. I 父母與 I 孩子

這真是個歡樂的組合！這對組合會有興之所至的決定，會有很默契的笑話，會有無限多樣的拍照姿勢，會有層出不窮的外出遊玩的好點子，很令人羨慕！

I 父母與 I 孩子相處，一定會有很多有趣的回憶。開懷的瞬間，會讓孩子更加喜歡與父母在一起。

需要注意的是，由於雙方都是 I 特質，都想表達，那麼誰來聽呢？所以，當家長覺察到孩子表現出 I 特質時，可以

第四章　懂得：看見彼此，親子雙贏

調整自己為 S 特質，多給孩子一些傾聽。這也能讓孩子學會輪流表達，更加注意別人的感受。

4. S 父母與 I 孩子

這對組合是孩子很歡樂，父母很被動。

對 I 孩子，家長使用 S 特質時要有節制，可以在為孩子當啦啦隊員的時候使用，可以在化解爭執的時候使用。但面對 I 孩子想要挑戰邊界和底線的時候，要把 C 或 D 結合進來。因為 I 孩子挑戰底線可不是像 D 孩子一樣，他們是攻城掠地似的，而 I 孩子是靠撒嬌、死纏爛打的。S 家長一個不留神就會被「糖衣砲彈」攻陷。這時，家長可以用 C 特質來分析，用 D 特質來堅定立場。

傾聽時要用心，否則就會收到 I 孩子的投訴，「你根本沒聽我說」「你在敷衍我」……

5. C 父母與 I 孩子

在別人眼裡 I 孩子就是個開心果，可是 C 父母未必這樣認為，他們經常說 I 孩子是「人來瘋」，在很多事情上 C 父母還會覺得 I 孩子表現得太誇張了，「裝的吧」等。C 父母面對 I 孩子時，因為 I 孩子的行動快速，情感大開大合，常常會讓他們覺得有點跟不上，覺得有代溝。而 C 父母比較愛制定規矩，很多框框限制會讓 I 孩子很受約束，難以玩得盡興。

致命的是，I 孩子特別黏人，這對於 C 父母來說是個挑戰。因為 C 父母喜歡跟人保持距離，哪怕是最愛的寶貝也不例外。所以，會讓 I 孩子常常感覺受到冷落。

那什麼時候可以呼叫 C 特質來與 I 孩子相處呢？制定規劃的時候可以，培養學習習慣的時候可以，這些時候都可以成為 I 孩子的好助力，但是不要去用 C 特質中的苛責和挑剔。

C 父母對 I 孩子，要多一分接納和看著他快樂的心，接納他想要舞臺、想要表現的願望，接納他確實不太有耐心和定力。實在欣賞不了，就閉目養神一下吧。

五、與 S 行為風格孩子的相處之道

1. S 行為風格青少年表現

幾乎所有的父母都不會太擔心與 S 孩子的相處，因為 S 孩子不是讓父母感覺「很好」，就是感覺「特好」，一度會認為是自己教子有方。只是當 S 孩子因為太過在乎別人的看法，而出現自卑、討好、畏縮表現的時候，父母的忐忑擔心才會生出。

2. D 父母與 S 孩子

家有 S 孩子，就少用點 D 特質吧，D 特質的控制行為會讓 S 孩子成為自己的附屬品。當孩子真的很棒的時候，也沒必要歸功於都是自己教得好。否則，當有一天 D 父母看到 S

第四章　懂得：看見彼此，親子雙贏

孩子軟弱的一面，可能就會很憤憤然：「為何虎父偏偏生個犬子！」但其實孩子就是他自己，成為他自己太重要了。

D 家長習慣直接給孩子目標或結果，就是「你按照我說的做」。S 孩子是四種類型裡面最能滿足 D 家長「統治欲」的那一種，他甚至會把自己的意見藏起來，聽從父母。雖然父母的高壓、高要求，S 孩子會聽從，但不代表他不會在某一天崩潰。

D 特質運用得當仍然會為親子關係加分，在給孩子信心和安全感的時候，D 父母的力量感和篤定，會讓 S 孩子慢慢生長出一些力量。

3. I 父母與 S 孩子

I 父母想法多，變化快，常常讓 S 孩子不知所措。I 父母喜歡表現，喜歡舞臺，當然也喜歡誇獎自己的孩子是很棒的。如果 D 特質不強的 I 家長，也說不定會跟朋友吐槽，但如果 D 特質強的 I 家長，也有可能讓孩子成為自己面子的犧牲品。因為他們一比較就會焦慮，一焦慮就要嘮叨，一嘮叨還容易跑題，陳年往事都可以翻出來。S 孩子就只能默默忍受。

DISC 的每一種，都能產生負能量，也能產生正能量。I 家長依然是最能跟孩子快樂地玩在一起的那種，他們是很不錯的組合。I 家長可以很好地鼓勵 S 孩子勇敢、決斷，因為他們是天生的賦能者。

4. S 父母與 S 孩子

S 父母與 S 孩子這個組合很暖人很默契，相處起來如細水長流。可能也會讓人覺得有點悶，過於平淡了。不管是哪一種相處模式，都需要有正面能量，不要陷入負面能量，比如活成負 S，可能就是軟弱、自卑，沒主見的組合。活成正 S 呢，那就是一對靈魂親子伴侶，會一起做很多有意義的事情，幫助別人，擁有大愛，不急不躁。

在支持孩子去努力或做決定的時候，家長都可以呼叫更多的 S 特質，成為一個真正的支持者。其實，不管對哪種類型的孩子，也都需要家長經常呼叫 S 特質。

5. C 父母與 S 孩子

如果說 SS 組合可能有點「悶」，那 CS 組合是真「悶」。C 父母關注事情條理、規則多於對人的關注。牙膏從哪擠出來的遠比孩子心情好不好更重要，如果聽到這句話，C 父母可能還會說：「難道不是嗎？」

對於 C 家長特定的規矩，S 孩子大多數都可以很好地執行，但孩子內心情感卻總是被忽略的，孩子會累積很多委屈和孤獨。S 孩子一般都很需要有溫度的相處，所以父母更多的呼叫 I 和 S 特質會更好。

C 特質的呼叫可以多多用於 S 孩子在愛好上的精進以及獨立思考的方法上。

六、與 C 行為風格孩子的相處之道

1. C 行為風格青少年表現

C 孩子是需要父母去思索的孩子，他通常不會直接告訴別人他的需求，他的心思基本上全靠猜。C 孩子通常會有很專一、很深入的愛好，平時話不多，但是說起自己的愛好，他可以滔滔不絕，並且引經據典，各種資訊一應俱全。他不喜歡別人打斷他的遊戲或思考，不能忍受自己的東西被打亂。即使他自己把東西擺放得很亂，他也知道亂中的秩序。不要總是催 C 孩子，催也不會快，還不如直接告訴他具體時間更有效。

那些跟父母說「我不想當助手，但我可以幫忙出謀劃策」的孩子，通常此時是在用 C 特質在說話。

2. D 父母與 C 孩子

C 孩子通常比較有個性，他不出風頭，也不會去討父母和長輩的歡心，自己想做的事情就去做。如果父母給他的建議缺乏邏輯，他還會認真糾正。這點會讓 D 家長有時候心裡很悶，因為 D 家長對孩子都有不低的期望，可是 C 孩子往往不會如父母所願去參加各種活動或比賽。即使有這個能力，他也不是很感興趣。

但 D 父母和 C 孩子都是講道理的，所以通常就某一些雙

方感興趣的話題,是可以探討得很深入的。這就非常便於 D 家長把大局觀帶入親子談話中,給 C 孩子一些不同的思考。

3. I 父母與 C 孩子

C 孩子不太能接受 I 家長的活躍和正向的性格,完全不理解 I 家長為什麼笑點那麼低,為什麼那麼不重視規則,為什麼那麼愛聊天,甚至跟小狗都能聊上幾句。C 孩子對 I 家長深以為傲的幽默很少捧場,反而會嗤之以鼻,有時候甚至會覺得 I 家長的表現很丟臉。

I 家長常常左右逢源,受人歡迎,可是他們首遭滑鐵盧往往就是因為遇見 C 孩子。I 家長誇張有餘、嚴謹不足的措辭,也常常被 C 孩子一絲不苟地糾正。

但 I 特質的正能量使用還是可以幫助 C 孩子多一點幽默快樂的元素,並且在鼓勵孩子方面也能起到非常好的效果。

4. S 父母與 C 孩子

S 父母是 C 孩子愛好的最好支持者,C 孩子與 S 家長相處舒適度非常高,因為 S 家長不會過多干涉、控制、叨擾他,他可以按照自己的想法做自己的事情,S 家長也不會給他們必勝的壓力。但有時 S 家長的糾結和搖擺不定會讓 C 孩子不知所措,對於 C 孩子來說,給出標準和規則,比這個規則好不好更重要。

第四章　懂得：看見彼此，親子雙贏

　　常常會讓 S 家長感到失落的是，C 孩子沒那麼會體察人意。家長常常會覺得孩子對自己有點冷淡，有點疏遠。這個時候要麼就多呼叫 I 特質來自娛自樂，要麼就直接跟孩子表達抱抱的邀請，或者可以建立一個專門的約定，比如進門出門時都要抱抱。這種規定類的約定，C 孩子很容易接受，而 S 家長又能夠從 C 孩子這裡體會到溫情。

5. C 父母與 C 孩子

　　CC 組合如果放在矛盾中，就是一對「冤家」；如果放在各自專研的事情中，就是「泡麵」二人組，可以足不出戶，沉溺其中，泡麵能解決的，連加個蛋都可以不需要；如果放在共同的愛好中，那就是「連體」組合，他們的靈魂、喜悅的高度契合令人羨慕。

　　需要注意的是，使用某個風格較多，並不代表孩子就是這個類型，或者一直會是這樣的行為風格，只是這段時間使用較多而已。而且家長與孩子的相處方式，會激發孩子更多地使用某種行為風格。當家長越用力限制孩子的時候，他的 D 特質就更明顯。而當家長理解多一些的時候，孩子 S 特質的溫暖也會不斷展現出來。

　　DISC 行為語言幫助父母和孩子更加了解彼此，適當呼叫各種特質，實現雙贏的親子溝通並不難！

第四節
從內向外，掌握與孩子愉快合作的祕訣

一、不做「甩鍋俠」，別給孩子承擔不起的信任

有的父母學習了前文中各種方法之後，意識到之前的親子溝通方法不能為孩子成長帶來幫助，於是決定「那我就乾脆不管了，充分相信他，讓他自己管理自己」。接著就把手機交給孩子，並鄭重地說：「媽媽相信你自己能管理好！」

剛開始時，媽媽很開心，因為不用每天喊：「又超時了！」「你怎麼就沒點控制力呢！」孩子也不用隔著門吼：「還有 5 分鐘！」「聽見了，別煩了行不行！」也不會再有氣得砸門砸手機的衝突。每天相安無事、母慈子孝，一片祥和。

可時間長了，家長發現孩子並沒有如自己所期待的那樣，自己管理好自己，反而肆無忌憚地玩起來。此時，如果管教，一切又跟以前一樣劍拔弩張，而且孩子還會說父母說話不算數，自食其言。如果不管，父母又會更加焦慮和擔心。

「充分信任、完全放手」，這並不是民主的表現，而是從控制走向了另一個極端，是父母想做「甩鍋俠」的表現。因為

第四章　懂得：看見彼此，親子雙贏

當孩子再次出錯的時候，父母可以說：「你看，我完全信任你，你卻這樣！」言下之意，跟他毫無關係。

即使孩子到了青春期，身高、樣貌都與成人無異，可是從心理發展和社會屬性上說，他們仍然是孩子，是處於特殊階段的孩子，仍然需要父母，甚至更加需要父母的支持和幫助。

當父母把一切責任都推給孩子，孩子是否能承擔得起？

1. 短暫的快樂，長久地失去安全感

剛開始孩子肯定是開心的，就像脫了韁的野馬，獲得了自由，隨心所欲地奔跑。但是時間長了會發現，沒有任何約束的自由其實是最大的不自由。就好像人們喜歡住在大房子裡，那是不是空間越大越好呢？如果住在大草原上，空間雖然大了，但是安全感卻沒有了。

青少年不喜歡被約束，但是如果完全沒有邊界，反而會讓他們不知所措，不知道時間要如何安排，不知道生活應該怎麼過。

2. 背不動的信任成為孩子內心的負擔

即使是大人，也常常會因為又沒有控制好看手機的時間而懊惱。何況是青少年，他們的很多能力都還在成長的路上。當父母把這份沉甸甸的「信任」交給自己，而自己實際上屢次無

法管理好自己的時候，孩子會怎麼想？他是不是會攻擊自己？「唉，我真的很沒有自制能力！」、「我辜負了媽媽的信任，我不能讓她知道，否則她會難過的。」、「你看我不僅管不好自己，還是個騙子。」、「我想我永遠都管不好自己。」

「信任」本身是來自父母賦能的意圖，最後卻導致了「負能」的結果，就是因為這份信任的重量不適合青少年。

所以，父母在為孩子賦權的時候，一要雙方商定界限和範圍，二要衡量孩子是否擔得起。

還有很多父母「甩鍋」的原因是害怕激出孩子的負面情緒，害怕與孩子發生衝突，假借「信任」的方式來迴避。然而，迴避雖然可以暫停戰火，但是卻錯過了讓孩子成長的機會，也錯過了讓父母自己勇敢面對問題的機會。

在能量尺裡可以看到，勇氣是走向正能量的開始。父母在面對孩子之前，要先面對自己，覺察並調整自己的能量狀態。

二、「你值得玩一個小時的遊戲」，配得感讓孩子更願意配合

孩子沉迷於手機遊戲是很多父母都非常頭痛的問題，我的孩子也經歷過在遊戲上花費時間過多的情況。當時小女兒剛剛出生，正逢暑假，我一方面實在沒有時間和精力照顧哥

第四章 懂得：看見彼此，親子雙贏

哥，另一方面也心存僥倖，看看他是不是能夠玩夠了就不玩了。然而，事實上遊戲本身是不會讓孩子厭倦的，因為遊戲開發者的任務就是激勵玩家持續玩下去。所以基本上不會出現孩子「玩夠了就不玩」的情況，除非在他生活中有更重要的事情讓他願意去做，讓遊戲在他生活中的地位下降。

我開始重視這件事情，並採取了一些措施，經過一年多的時間，有一天孩子跟我申請玩遊戲時間，並且到了時間就自動去洗澡了。我才驚訝地發現，他已經很久沒有在遊戲上花費大量時間了。在這裡把我們親子之間共同的經驗分享給大家，這些經驗在我的很多諮詢當中也是被驗證有效的。

其中很重要的一點就是：「有度」內的「大度」。

遊戲不是洪水猛獸，有的孩子遊戲玩得好，課業也優秀，有的孩子以後真的從事遊戲設計開發，還有的孩子只是偶爾把遊戲當作消遣。所以父母可以判斷自己的孩子屬於哪一種情況，如果嚴重影響了課業生活以及身體健康，就需要父母恰當干預。

父母要明確知道自己能夠允許孩子玩遊戲的限度，比如有的家長認為是每天 1 小時，有的家長認為是每週 1.5 個小時。一旦明確之後，就以此做約定。

為什麼要明確，就是因為在這個時間內要給出允許，在這個時間內不讓他有負罪感，玩的時候痛痛快快地、光明正

大地玩。孩子有時候會跟我分享他的遊戲排名和收穫，我會饒有興趣地傾聽和回應。如果孩子明明是在約定時間內玩，但是父母還是會嘮叨「整天就知道玩遊戲」或者「他能做什麼，還不是又在玩遊戲」等，孩子內心就會有牴觸，導致他報復性地想要玩得更多。

超時了家長可以提醒，如果提醒次數多，那就在下一週的約定中提出這個問題來討論，「上週你有三次超時了，我們可以做什麼，保證下次不再超時呢」？或者把這一次超時的時間累計到下次遊戲時間，比如累計超時 45 分鐘，就減少一次玩遊戲 1 小時的機會。

當孩子玩完遊戲，家長也不要做出恩賜和施捨的姿態，比如「快點寫作業去吧，別滿腦子都是遊戲」。這無異於暗示孩子就是個「滿腦子裝滿遊戲」的人。而且如果父母在恩賜，孩子就是在乞討，在任何事情上都不要讓孩子有這種匱乏感，不要讓他覺得自己不配玩遊戲，不值得擁有玩遊戲的快樂，越匱乏就越會想要攫取。

在允許的時間內，大大方方地允許，讓孩子感受到「你就是值得擁有這一個小時的娛樂時間的」。配得感就會讓孩子有更高的自尊水準，孩子的配合意願度就會越高。

三、約法三章為何不管用？

上一節提到了約定，很多家長會覺得約定不管用，「約好會再犯」、「約好也不遵守」、「說到卻做不到」、「孩子控制不了自己」等。其實我見過很多親子約定都會有幾個問題：

(1) 父母一言堂，要求孩子按照自己的條款來，孩子被迫承諾可以做到。

(2) 約定常常演變為吵架，導致不歡而散。

(3) 雖然孩子做了承諾，但一旦做不到，父母就會認為孩子說話不算數。

(4) 雖然有約定，但是父母在規定時間內仍有不滿，超出時間更是會斥責。

(5) 如果孩子一再破壞約定，父母會放棄約定。

如何避免約法三章遇到的這些「地雷」呢？

1. 一份好的約定一定是彼此尊重的

身為家長不要帶著預設的結果來跟孩子聊，不要一言堂，約定的時候不發脾氣、不責備、不評判，身為孩子也不會抗拒約定，會把這個當成親子之間的一個溝通渠道，會真正相互尊重。一旦彼此尊重，就會在行為上也很尊重對方，也更珍惜與對方的相處。

2. 每次制定新的約定，要有試行時間

「試行一週」很重要。如果約定了，就必須照著做，沒有做到就是不守約定，這樣的做法缺乏彈性，會讓家長失去一個跟孩子溝通的好工具。但「試行一週」意味著，在一週後，還可以針對這段時間約定的執行情況來做調整，這種彈性讓大家都可以及時調整約定中不合理、執行不好的部分，而且又不容易讓孩子產生挫敗感。

3. 尊重式的約定，是「人事分離」的

如果遇到約定執行不好的情況，家長可以藉助上一個「試行」的步驟，來重新探討。這裡的重點是，再次探討的是「約定」，而不是「你怎麼說話不算數」，前者是因為約定有一些沒有充分考慮到的部分，需要再探討，再優化。後者卻是對孩子這個人的攻擊。如果每次約定都是一次對孩子的攻擊，那麼孩子也會自暴自棄，不再願意與父母約定。

4. 不要做約定的破壞者，學會笑著說「不」

在執行約定的過程中一定會遇到孩子求情破例的情況，而父母一心軟，就「透支」了下次遊戲的時間給孩子。看上去「信用卡式」的臨時約定也很合乎情理，但是這會讓約定執行起來變得更難。

對於這種情況，父母不需要指責他「又有什麼鬼主意」，也不需要板著臉嚴肅地拒絕，而是要學會尊重地笑著說

「不」，尊重約定就是尊重彼此。孩子即使有情緒，家長也要表現出「我能理解你有情緒，同時我也會遵守我們的約定。如果你認為約定需要調整，我們可以在下次討論的時候提出來」。

5. 生活中有更重要、更精彩的事情，
   生活中有更值得他們珍惜的愛

尊重式溝通可以把孩子的精力從跟父母的對抗當中釋放出來，從而能夠去思考或者面對生活中更精彩的事情，而且當親子關係不再緊繃時，父母會發現孩子比以前更加在意與父母之間的關係，孩子不會輕易為了一件事而傷害與父母這種良好的關係。這一切都是在尊重的前提下才會發生的。

在疫情期間，很多家長都非常焦慮孩子因為上網路課程導致遊戲時間變得不可控，但是我們家這種情況很少。可能是因為這個時候我們對於約定這件事情，雙方都已經能建立起彼此尊重的心態了。

這個約定不會一勞永逸，約定後也會有一些失約的情況。但因父母尊重、欣賞的態度，孩子就會更加自覺地遵守約定。

四、用「事後諸葛亮」五步法建立有效規則

「事後諸葛亮」往往用於貶義的應用，但是在這裡卻是值得每一位家長記住的有效方法。即使家長做到了傾聽、接納和共情，做到了讓孩子在做事情中獲得成長。可是孩子總會

有做錯的事情需要父母來幫助，或者總是需要學習積極去解決問題的方法，什麼時候可以給孩子這些引導呢？

這就是要跟大家探討的「事後諸葛亮」五步法。「事後諸葛亮」，顧名思義，就是一定要事後才能用。比如孩子早上賴床，經常遲到。與其在孩子賴床的時候跟他講道理、責備、嘮叨（這都是在前幾章當中驗證過無效，並且會進入負能量循環的方法了），不如事後再聊。因為事後雙方都脫離了當時的情緒氣壓，更容易理智思考，平靜面對。

這個方法適合用於平時多次不能夠贏得合作的問題，或者父母希望能夠給出一些建議的問題，或者需要雙方討論才能達成一致的問題。

1. 發起商議

親子氣氛還不錯的時候，父母可以發起一次商議：「我們用 5 分鐘的時間討論一下你早起的事情。」透過前面幾個章節的學習和應用，一般來說，親子之間已經可以做到「氣氛不錯」了。

2. 雙方感受

開始後，父母先說一下孩子的感受：「媽媽知道你每天早上起床都會很想再賴一下床，對嗎？」表達孩子的感受，是為了表達理解。孩子有可能認同，也有可能說「才不是，我就是睏」等。孩子說的時候，父母就認真傾聽，不評判不說教。

第四章　懂得：看見彼此，親子雙贏

父母還可以用幽默的語氣輕鬆說：「我小時候也是起不來，就好像被子會拉住我一樣！」

如果孩子不說話，可能親子之間的信任還沒有完全重建，或者孩子的自尊水準較低，會認為父母又要開始批評他了。這種情況下，就需要父母給予更大的耐心，多用本書中的方法，加上父母從內而外的愛和尊重，自然會有改觀。

接下來，父母可以說一下自己的感受，比如說「我每天早上叫你都不起床，我也很有挫敗感」，或者「看到你起不來，媽媽也很著急，擔心你上學會遲到」。

這一步就是說出了雙方的感受和需求，這是合作的前提。

3. 討論目標

「我們討論一下，看看能有什麼辦法，既能讓媽媽不用擔心，你也不用煩惱媽媽總是叫你？」這一步就是提出了討論目標，是為了讓父母和孩子雙贏，而不是家長一言堂，也不是孩子完全說了算。父母要足夠誠懇，要讓孩子感覺到，「這確實是個問題，爸爸媽媽也很困惑，需要我們一起來解決」。這與被要求的感受完全不同，孩子能充分感受到父母的尊重，並認為自己是有價值的。

4. 輪流發言

接下來雙方就可以各抒己見，輪流提議了。先把彼此能想到的方法都記下來。在此過程中，不要有任何評判。比如「這方法不行！」、「你想得可真美！」、「你能不能現實點！」這些都會讓討論無疾而終。父母可以先提議，比如「把鬧鐘調早 10 分鐘」、「你自己設定兩個鬧鐘」、「媽媽每天只叫你兩次，每次隔 5 分鐘」等。

再引導孩子提議，「你說呢？」、「你想想什麼方法好？」父母的態度是尊重平等的，不管孩子提議什麼，都先記下來。因為這一步只是「提案」階段，不是所有的提議都會被採納，但是父母面對孩子提議的態度是本次討論成敗的關鍵。

5. 確定方案

大家一起確定雙方都認同並確定的提議，作為接下來的執行方案，可以寫在一張紙上。

第四章　懂得：看見彼此，親子雙贏

第五章
賦能：每一句話都可以是青春期孩子的「加油站」

如何準確地為孩子按下「確認鍵」？拆解為孩子賦能的底層邏輯，避開讓孩子無法自信的三大「死穴」以及影響孩子獨立的三大「陷阱」，為孩子搭建助力成長的「鷹架」。巧妙使用「剝洋蔥、去導航法」「兩步讚賞法」「半杯水」以及「正向資源法」四大溝通工具，為孩子賦能，給孩子「做自己」的勇氣，活出「高版本」的人生！

第五章　賦能：每一句話都可以是青春期孩子的「加油站」

第一節　父母穩得住，孩子才能站得住

一、孩子需要父母的「確認鍵」

大衛和布魯斯是同班同學，他們的媽媽都非常愛他們，但他們每天經歷的生活卻各不相同。

【布魯斯的晨間半小時】

「起床了，布魯斯，你上學又要遲到了！」媽媽大聲叫布魯斯起床。

布魯斯起床後，穿好衣服光著腳走進客廳吃早飯。

媽媽說：「你的鞋呢？難道你要光著腳去上學嗎？哎喲，看你穿的是什麼呀！藍毛衣配綠T恤，太難看了！」

「看看你是怎麼倒果汁的？不要又像以前一樣灑得到處都是！」

結果，布魯斯真的把果汁灑了。

媽媽很生氣地拿著抹布邊擦桌子邊說：「我真不知道該拿你怎麼辦才好！」

布魯斯嘴裡嘀咕了幾句。

媽媽說：「你說什麼，又嘀咕起來了！」

布魯斯默不作聲吃完早餐，準備出門上學，媽媽說：「布

第一節　父母穩得住，孩子才能站得住

魯斯，你又忘記帶午餐了！要不是你腦袋長在肩膀上，你連腦袋也會忘記的！」

布魯斯拿起午餐包，媽媽說：「今天在學校必須要聽話。」

【大衛的晨間半小時】

大衛住在布魯斯家的馬路對面。

早晨媽媽來到大衛房間說：「現在是 7 點，大衛，你想現在起床還是 5 分鐘後？」

大衛打了個呵欠：「5 分鐘後。」5 分鐘後，大衛起床了，穿好衣服光著腳走進客廳吃早飯。

媽媽說：「嗨，你已經穿好衣服了，就剩下鞋子沒有穿了。」

大衛答應著說：「我吃完早餐就去穿。」

之後坐下來吃早餐喝果汁，倒果汁的時候灑了一些。

媽媽說：「擦桌子的布在洗手檯旁邊。」大衛拿過布把果汁擦掉。

吃完飯，大衛還跟媽媽開心地聊了一下天，然後穿上鞋準備去上學。

聽到媽媽說：「大衛，午飯！」他跑回來拿午飯，謝過媽媽，說：「再見！」

（故事來源於：《如何說孩子才會聽，怎麼聽孩子才肯說》（How to Talk So Kids Will Listen & Listen So Kids Will Talk））

第五章 賦能：每一句話都可以是青春期孩子的「加油站」

我在無數次課程中講述過這個故事，每一次我都會重新被觸動。

很多家長聽完這個故事就很感慨地說：「我就是布魯斯的媽媽。我一直以為做得還不錯，可是沒有注意到這些小的生活細節。」

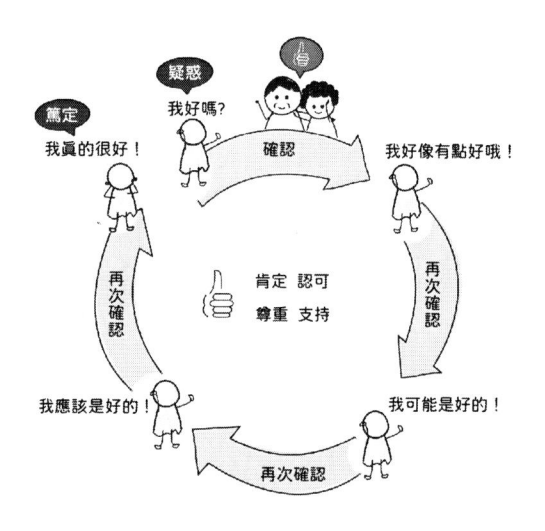

父母與孩子的溝通，並不一定非要長篇大論、不一定非要有主題或目的、不一定非要教育或糾正，所謂「潤物細無聲」，就是在孩子與父母相處的分分秒秒，每天最普通的那些對話，一遍遍疊加，一次次確認，就形成了孩子能夠認知到的自己，形成了孩子的自我評價。

這個過程通常是這樣的，每個孩子都想得到周圍世界的

確認「我好嗎？」如果周圍世界以肯定、認可、尊重和支持給予回應，那麼孩子就會形成「我好像有點好哦！」這樣的結論。如果一直再有一件事情不斷地讓孩子得到同樣或類似的確認，那麼孩子就會不斷地給自己「我可能是好的！」、「我應該是好的！」這樣的自我評價，直到孩子非常篤定「我真的很好！」。

反之亦然，如果孩子在與周圍世界的互動中，獲得的是否定、貶損、不被信任，孩子也會因此一步步累積出「我真的很不好」的自我確認。

二、拆解為孩子賦能的底層邏輯

在大衛和布魯斯的故事中，兩個同齡的孩子住在同一條街，坐在同一個教室，甚至在這樣的早晨都經歷了極其相似的生活事件，從起不了床開始，到灑了果汁，再到忘記帶午餐盒⋯⋯

可是不同的是什麼？是媽媽與他們的溝通方式。乍一看，無非是幾句生活閒話而已。既沒有談課業，也沒有談未來，更沒有重要事件的溝通或教育。這樣一個平淡無奇的早晨半小時，對孩子能有什麼樣的影響呢？

下面就來詳細拆解一下平淡無奇的晨間半小時，對孩子的「神奇」影響。

第五章　賦能：每一句話都可以是青春期孩子的「加油站」

事件	布魯斯 媽媽的話	布魯斯 引發的自我評價和感受	能量值	大衛 媽媽的話	大衛 引發的自我評價和感受	能量值
起床	命令、抱怨：「起床了，布魯斯，你上學又要遲到了！」	我是一個遲到的「慣犯」；我總是沒辦法做到準時起床；一大早就被媽媽罵，煩死了	↓	給選擇：「7點了，大衛，你現在起床還是5分鐘後？」	我有能力自己做決定。	↑

第一節　父母穩得住，孩子才能站得住

事件	布魯斯			大衛		
	媽媽的話	引發的自我評價和感受	能量值	媽媽的話	引發的自我評價和感受	能量值
穿好衣服，但沒穿鞋子	指責、羞辱、否定：「你的鞋呢？難道你要光著腳去上學嗎？哎喲，看你穿的是什麼呀！藍毛衣配綠T恤，太難看了！」	我真是個笨蛋，竟然沒有穿鞋子！真倒楣，又被媽媽抓了小辮子；我是一個沒有審美水準的人	↓	給肯定：「嗨，你已經穿好衣服了，就剩下鞋子沒有穿了。」	看，我做得還不錯，再穿上鞋子就更棒了	↑

第五章 賦能：每一句話都可以是青春期孩子的「加油站」

事件	布魯斯			大衛		
	媽媽的話	引發的自我評價和感受	能量值	媽媽的話	引發的自我評價和感受	能量值
倒果汁	指責、翻舊帳：「看看你是怎麼倒果汁的？不要又像以前一樣灑得到處都是！」	你這樣說我，我更加不知道怎麼倒才好。我從來都做不好這件事；我每次都會把事情搞砸。	↓	低碳法則：沒有任何提醒	我是被信任的；我可以自己做很多事情。	↑

第一節　父母穩得住，孩子才能站得住

事件	布魯斯		能量值	大衛		能量值
	媽媽的話	引發的自我評價和感受		媽媽的話	引發的自我評價和感受	
倒灑果汁	抱怨、責備、失望：「我真不知道該拿你怎麼辦才好！」（媽媽擦桌子）	媽媽說得對，我總是做不好；我真是太糟糕了！我一無是處，是個製造麻煩的人。	↓	給支持：「擦桌子的布在洗手檯旁邊。」	果汁雖然灑了，但是我可以為自己的行為負責；看，我把倒灑的果汁處理乾淨了！	↑

第五章　賦能：每一句話都可以是青春期孩子的「加油站」

事件	布魯斯 媽媽的話	引發的自我評價和感受	能量值	大衛 媽媽的話	引發的自我評價和感受	能量值
早餐聊天	責備、嫌棄：「你在說什麼，又嘀咕起來了！」	我還是閉嘴好了！我沒資格說話，因為總是把事情搞砸；我一說話就惹人煩；我總是沒辦法讓媽媽滿意。	↓	給認可：（親子聊天）	媽媽願意聽我說話；我們聊得還不錯！我剛才表達的觀點媽媽認為很新穎有趣！	↑

220

第一節　父母穩得住，孩子才能站得住

事件	布魯斯 媽媽的話	布魯斯 引發的自我評價和感受	能量值	大衛 媽媽的話	大衛 引發的自我評價和感受	能量值
忘記帶早餐	嘲諷、指責：「布魯斯，你又忘記帶午餐了！要不是你腦袋長在肩膀上，你連腦袋也會忘記的！」	唉，我真是笨死了！我總是會忘記事情，記憶力肯定有問題！難怪書讀不好……	↓	低碳法則：「大衛，午飯！」	謝謝媽媽提醒！	↑

第五章　賦能：每一句話都可以是青春期孩子的「加油站」

事件	布魯斯 媽媽的話	布魯斯 引發的自我評價和感受	能量值	大衛 媽媽的話	大衛 引發的自我評價和感受	能量值
臨行叮囑	命令：「今天在學校必須要聽話。」	我不是一個聽話的孩子，總得要媽媽提醒才行；學校老師可能也認為我不聽話；如果在學校一不小心做錯事，回家又會挨罵。我不是一個自律的孩子，總是讓媽媽不放心。	↓	低碳法則：「再見！」	開始新一天的學校生活了！	↑

222

第一節　父母穩得住，孩子才能站得住

讓我們來猜測一下，當兩個孩子走出家門後，會有哪些不一樣的表現？

假設事件和問題	思考和決定	原因	能量值	思考和決定	原因	能量值
新一天的狀態	自卑的、自我懷疑的	我總是把事情搞砸，誰知道這一天我又會做錯什麼事情。	↓	自信的，樂觀的	我是很不錯的呀，我可以做更多嘗試，不知道還有什麼驚喜等著我。	↑

223

第五章　賦能：每一句話都可以是青春期孩子的「加油站」

假設事件和問題	思考和決定	原因	能量值	思考和決定	原因	能量值
考試不及格	自我否定、擔心、焦慮、自暴自棄	我從來就沒做好過一件事情；晚上又要被媽媽罵了；把考卷藏起來吧，別讓媽媽發現；我記憶力這麼差，難怪沒考好；我這麼笨，不及格也算正常。	↓	積極尋求解決辦法	我總是有辦法解決問題，讓我想想怎麼辦；或許我也可以請媽媽幫忙，她總是在我有需要的時候支持我。	↑

第一節　父母穩得住，孩子才能站得住

假設事件和問題	思考和決定	原因	能量值	思考和決定	原因	能量值
集體藝文活動	缺乏自信，不願意嘗試	算了吧，我的審美那麼差勁！我去參加也會是出醜的那個，還是別去了。別的同學會嘲笑我畫的畫；他們會不會也像媽媽一樣嫌棄我？我笨手笨腳的，可能會把顏料打翻。	↓	自信，樂於交際	我有時候會有一些不錯的點子，參加這個活動會很有趣。與同學交流聊天多有意思呀！	↑

　　媽媽的溝通方式不同，帶給兩個孩子的成長動力完全不一樣。雖然沒有談課業，卻影響了課業；雖然沒有涉及集體活動，卻影響了他參與的信心和興趣；雖然每個媽媽內心都是希望孩子好，但是布魯斯走出家門的那一刻，無法感受到明媚的陽光，無法煥發出年輕生命的活力。

第五章　賦能：每一句話都可以是青春期孩子的「加油站」

每個孩子要前進，都是靠自己的「動力系統」，而不是靠父母的「拉扯系統」。

有的父母認為，我不拉扯他，他會沒有自覺。其實是因為拉扯了，他才不需要自覺。

有的父母認為「我放下拉扯，我不管他，也沒看到他好起來」。其實是因為父母的眼裡、言行間還會流露出來對孩子的不信任和嫌棄。

有的父母認為「別人家的父母也是這樣，孩子還不是很好學上進？」此時，父母的比較和失望早就被孩子敏感的天線接收到了。

當父母真正願意成為支持者的時候，就會「穩如磐石」，不會因為孩子的過失而有過多的情緒搖擺或能量起伏。在這個早晨，大衛沒有比布魯斯多「做對」一件事，所謂的「錯誤」和「不好」一樣也沒少，可是，大衛的媽媽「穩如磐石」，我相信即使當她看到孩子不及格的卷子時，也會是這樣的狀態。愛自己的孩子，還需要理由嗎？因為孩子做得不好，所以父母會失望，因為孩子做得好，所以父母會開心。一旦有了這些「因為」、「所以」，愛就進入了講條件模式，而不是無條件模式。

一旦有條件，父母就會能量不穩定，就會掉進「布魯斯早晨」的坑，一步一步削弱孩子的力量。

一旦有條件，父母內在就容易不平穩，就會想管束，就會有各種情緒，進而導致孩子負能量的疊加。

無條件時，父母是支持孩子成長的態度，而不是只為達到某種目的。

無條件時，父母是充滿了對孩子的好奇和相信，而不是帶有任何批判的眼光。

三、別讓孩子的能量為父母買單

對話一：

父母：怎麼又頭痛了？我讓你早點睡你又不聽，頭痛上不了學，不是更耽誤到課業嗎？

孩子：行了，你別說了，我不痛了，能去上學。

對話二：

孩子：媽媽，老師不讓我參加這次比賽。

父母：怎麼會這樣？是不是你表現不好？是不是練習得不夠呀？

孩子：沒事，反正我也不太想去。

父母：怎麼會不想去呢？你之前不是很想去參加的嗎？這是多好的加分機會呀，就這麼弄丟了！你還能把什麼事情做好呢？

孩子：我什麼都做不好！以後也別指望我做什麼事情！

第五章　賦能：每一句話都可以是青春期孩子的「加油站」

父母：發什麼火呀,是我把你的機會弄丟的嗎?我整天為你比賽準備這準備那,你還想讓我怎樣啊?!

孩子：是我沒用,行了吧?你滿意了吧!

幾乎所有的父母都特別想知道如何為孩子賦能。在我接待的青少年家庭諮詢中,大多數都是孩子或親子關係出了嚴重問題,火燒眉毛的那一刻,家長才會來找我。每次當我看到通訊軟體裡突然跳出來的求助,都能感受到短短文字背後家長的焦灼。

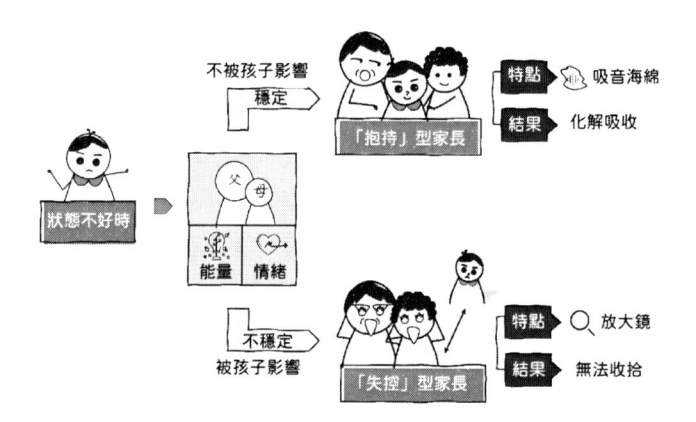

家長往往在進入諮詢後,第一件事就是希望老師開導孩子,第二件事就是希望老師能立即幫助他們解決問題,讓孩子馬上去上學、馬上不憂鬱、馬上不再離家出走等。我能夠理解家長焦急的心情,只是力氣如果用錯了方向,對事情的解決並不會有任何幫助。

第一節　父母穩得住，孩子才能站得住

孩子的狀態不好時，家往往是第一個「吸收器」，有的父母像吸音海棉，孩子的負面情緒很快被吸收化解了。有的父母像「放大鏡」，孩子的負面情緒瞬間被放大得無法收拾了。這也是本書前面所講到「抱持」型家長與「失控」型家長的區別。

追根溯源，那些讓父母崩潰的親子問題，在很多情況下都是由於父母自身能量和情緒不穩定，很容易被孩子影響的緣故。就好像一個籃球扔過來，身強力壯的人輕鬆接住，如果換成是小孩子，說不定會被籃球撞翻。

在上面的兩組對話當中，我們是不是能看到孩子在為父母「接不住球」的焦慮買單？

對話一中，孩子的頭痛讓媽媽焦慮擔心，害怕影響孩子的課業，孩子為了照顧媽媽，只好說「我不痛」。以後孩子再頭痛，可能也不敢再跟媽媽講，自己忍著或者自己想辦法。孩子除了頭痛之外，更增添了無助和委屈的低能量。如果影響了課業，孩子還會多一分自責。

對話二中，孩子沮喪地告訴媽媽自己被淘汰的消息，引發了媽媽更大的負面情緒，媽媽的失望和抱怨讓孩子更加否定自己。親子矛盾的更新也讓孩子在更大的低能循環漩渦中難以修復。

所以，要想為孩子賦能，一定要先停止耗能。否則，父母「接不住球」的狀態，只會降低孩子的能量值。只有父母在

第五章　賦能：每一句話都可以是青春期孩子的「加油站」

情緒和能量都穩定的狀態中，才有可能給孩子有力的支持。

在這裡要提醒父母的是，當看到自己過往的錯失，或者對孩子不好的影響，千萬不要陷入新的低能量中，即「自我否定、自我攻擊」當中，不要用新的負能量來代替舊的負能量。可多使用上一章提到的二分模型，幫助父母更客觀地看到事實真相，而不是被自己的擔心、恐懼牽著走。

父母對自己能量的重建要比把焦點放在孩子身上的性價比高很多，每個人來到這個世界的第一使命就是愛自己、照顧好自己。

這個功課有沒有完成好，通常有了孩子就會知道。如果在孩子小的時候沒有被覺察和發現，那麼當孩子到了青春期，父母就會遭到更多、更嚴重的提醒。

愛自己不是自私地只管自己，不管他人，忽視家人。這是自私、不負責任，不是愛自己的表現。真正愛自己、為自己負責、照顧好自己，是有能力讓自己處於情緒和力量都很穩定的狀態。如何穩定，這本書中講到的所有方法，都能夠幫助父母實現這一點。只要父母的能量狀態好起來，孩子和周圍的一切自然都會好起來。

最讓我心疼的是，當孩子的情況有一些好轉後，有些父母就不再接受輔導了，認為一切都已恢復正常。然而如果問題的根源還沒有得到徹底清理，一切都還遠遠沒有結束。

四、讓孩子缺乏自信的三大「死穴」

「你要是進不了前十名,就考不上國立高中,考不上國立高中,就考不上好的大學,考不上好的大學你的人生就完了!」

1. 嚇大的孩子不會有自信

因為害怕黑夜,所以很快跑回家;因為害怕貧窮,所以發奮工作;因為害怕將來被淘汰,所以不敢不努力讀書⋯⋯恐懼也是一種強驅動力,所以,才會屢屢被濫用。就好像一枚硬幣,有正反兩面。恐懼的正面就是辦事快捷有效、立竿見影,反面是以犧牲親子關係、犧牲孩子的力量感和安全感為代價。

相對地,愛這種強驅動力的反面就是「來得慢」,看上去沒有那麼快速引發行動,因為愛是慢慢滲透的。正面就是維護了好的關係、讓孩子充滿力量,並且持久。

一犯錯就被批評的孩子不敢嘗試

「看你的衣服怎麼穿的?!」

「牙膏又沒蓋回蓋子!」

「每次都不記得拿鑰匙!」

「寫過多少次了,這個單字竟然還會寫錯!」

孩子生活中的大事小事都是錯。孩子一犯錯,父母的天就塌了下來,在這樣體驗中長大的孩子,沒有信心去做

231

嘗試。他們不敢嘗試，因為一旦犯錯，就會招致很嚴重的後果。

也有很多青春期孩子的父母認為這是好事，這樣孩子會因為有忌憚而不敢「胡作非為」。

可是，誰不會犯錯？孩子一旦犯錯，因為害怕被父母責罵，害怕父母失望而放棄生命的悲劇比比皆是。即便沒有走向極端，孩子的人生也將會在患得患失、謹小慎微甚至不敢承擔責任的惶恐中度過。

即使以後課業或工作上有了好機會，他也可能會在糾結中錯失，「萬一我做不好怎麼辦？」、「我輸了大家都會嘲笑我的。」孩子不敢相信自己，也不敢相信世界會給予他善意和包容。

而認為「犯錯也沒什麼大不了，再來一次就好了」的孩子，會更加勇於做決定、勇於嘗試，更加容易贏得機會，也更容易獲得成功。

沒有機會做決定的孩子與自信絕緣

「天冷了，你得多穿一件衣服。」

「不行，我們已經定好暑假去海邊了，怎麼能說變就變呢？」

「來，你們同年紀，打個招呼，聊聊天。」

「你要多運動，別整天躺在床上。」

第一節　父母穩得住，孩子才能站得住

孩子生活中的大事小事都被安排。小到穿衣吃飯被催促、被要求，大到家庭決策不受重視、被迫接受，孩子事事都沒有辦法自己做主。父母只想聽到他們想聽到的，只想看到他們想看到的。

還有的父母表面上尊重孩子，但實際上卻用各種威壓來達到自己的目的。請看下面的對話：

父母：「你的房間想刷什麼顏色的油漆呢？」
孩子：「綠色的！」
父母：「可是綠色看多了會疲倦，不如藍色的吧！」
孩子：「可是我喜歡綠色，綠色對眼睛好。」
父母：「那你可以多看看窗外呀！」
孩子：「好吧，藍色就藍色吧！」
父母：「嗯，就這麼定了！」

自信的主體是孩子自己，如果孩子「自己」都已經消失不見了，那如何能夠有自信呢？長此以往，孩子呈現出來的狀態要麼就是消極的「你們說了算，我沒話說」，要麼就是不配合的「反正我不去，沒有理由，就是不想去」。

這三種因素都讓孩子無法自信起來，也就不會有屬於自己的力量，賦能自然也就談不上。沒有小樹，即使你有再多的水、再好的肥料，也無處可用。

233

第五章　賦能：每一句話都可以是青春期孩子的「加油站」

第二節　三大「陷阱」導致賦能變失能

一、避開「獨立」陷阱，搭建「鷹架」

英國著名的心理學家西爾維亞說過一句話：「這個世界上，所有的愛都是以聚合為最終目的，只有一種愛以分離為目的，那就是父母對孩子的愛。」父母養育孩子的一個重要目標就是幫助孩子成為一個獨立的個體，等有一天孩子離開了父母，能夠獨立前行無所畏懼。

最常見的關於獨立的「陷阱」就是家長的「父母不管」和孩子的「不管父母」。

「父母不管」是家長認為孩子的所有事情可以讓他自己做，就像老鷹一樣把小鷹往空中一扔就是讓他獨立的最好方式，其實這是走向了獨立的反面。

「不管父母」是孩子認為獨立就是不要按照父母說的做，不要沿著父母的腳印走，這僅僅是形式上的獨立。

這兩種想法都有偏頗，都與真正的、有力量的獨立相去甚遠。

加拿大麥吉爾大學的神經學家麥可‧米妮和其實驗室研究人員曾經用兩組小白鼠進行過一次實驗。實驗把幼鼠分成

第二節　三大「陷阱」導致賦能變失能

兩組，一組被母鼠經常舔舐和撫摸，另外一組則很少得到母鼠的舔舐和撫摸。研究人員想知道不同形式的母愛會對幼鼠未來的獨立性帶來怎樣的影響。

兩組幼鼠成年後，實驗人員對牠們進行了多組對比實驗。

第一個實驗讓兩組老鼠進入一個巨大的、開放式的圓形箱子裡待5分鐘，看看牠們面對新的環境時有什麼不同的反應。結果，小時候經常被鼠媽媽愛撫的老鼠很勇敢地在新的空間裡到處去探索，而小時候缺失媽媽愛撫的老鼠表現得非常焦慮不安，緊貼在箱壁上，擠在一起的時候，還非常容易發生衝突，甚至相互撕咬。

第二個實驗是在新環境中對兩組老鼠餵食。兩組老鼠都是在很餓的情況下接受這個實驗的。覓食是動物生存的本能，決定了牠們是否能夠很好地存活。實驗中發現，小時候經常被鼠媽媽愛撫的老鼠平均只需要經過4次嘗試，就會進行總計超過2分鐘的進食。而小時候缺少媽媽愛撫的老鼠平均要經過9分鐘的嘗試才會進食，並且每次進食的時間也很短，只有幾秒鐘。

研究人員反覆進行了多次實驗發現，每一次都是小時候得到媽媽愛撫的老鼠會表現得更好，牠們更擅長完成各種任務，比如探險、交際、好奇心、自控力方面都有出色的表現，牠們攻擊性低，健康而且長壽。

正如小白鼠的經歷，只有當一個孩子在家庭中獲得了足夠的安全感，他才能真正地走向獨立，才能夠擁有真正獨立

第五章　賦能：每一句話都可以是青春期孩子的「加油站」

的力量。他能夠去探索世界，能夠解決問題，而非形式上獨立了，但是內在卻充滿恐懼、對他人無比依賴，並且容易受他人影響。就如前面講的扎滿毒刺的杯子一樣，不僅自己無法很好地生活，還會從別人的杯子裡不斷舀水。

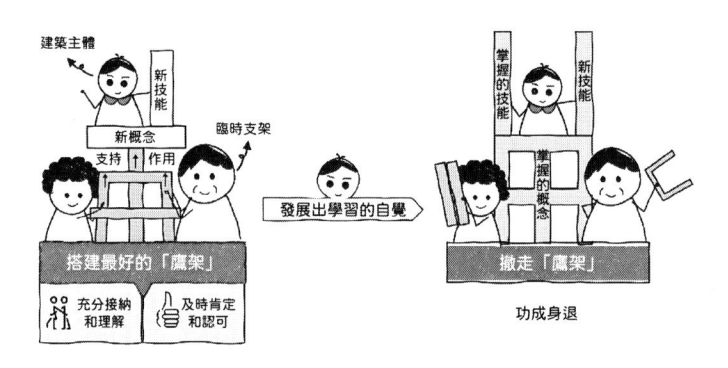

父母要為孩子搭建「鷹架」來支持孩子實現真正的獨立。

「鷹架」在建築工地經常可見，是施工時用以撐托樓體結構的臨時支架，當建築成形後就會被拆除。「鷹架」的原理在教學中大量被應用，是指學生在學習一項新的概念或技巧時，透過提供足夠的支援來提高學生學習能力的教學方法。當學生慢慢發展出學習的自覺時，這些支援會慢慢被取走。

從上面的文字描述當中，可以看到「鷹架」是有支持作用的，功成才會身退。這並不是要孩子獨立去建個房子，畢竟孩子的能力還無法完成這個任務。同時也並不會代替孩子建成這個房子，或成為房子的主體。

第二節　三大「陷阱」導致賦能變失能

孩子是建築主體，父母作為臨時支架，不能一直去支撐，也不能完全不支撐。對於青少年來說，最好的「鷹架」既不是輔導功課，也不是監督過問，而是充分的接納和理解，及時的肯定和認可。

思考題：

1.「我已經很接納他了，他現在怎樣，我都不說他了，但他還是玩遊戲呀！」

請思考：接納和被迫接受的區別。

2.「我已經做到肯定和認可了，當著他的面都是表揚的話，都是正面積極的話。不好的話都不會說的。但是我看他也沒什麼進步，也沒什麼上進心。」

請思考：怎樣才是真正的肯定認可？

二、別讓「讚美」拖了孩子後腿

史丹佛大學著名行為心理學家卡蘿‧德威克（Carol S. Dweck）和她的團隊曾在過去的10年裡，對紐約20所學校400名五年級學生做了長期的研究，主題是「關於表揚對孩子的影響」。

【第一輪測試】

首先，研究人員每次只從教室裡叫出一個孩子，進行第一輪智商測試。測試題目是非常簡單的智力拼圖，幾乎所有

第五章　賦能：每一句話都可以是青春期孩子的「加油站」

孩子都能相當出色地完成任務。每個孩子完成測試後，研究人員會把分數告訴他，並附一句鼓勵或表揚的話。

研究人員隨機地把孩子們分成兩組，一組得到的是一句關於智商的誇獎，即表揚，比如，「你在拼圖方面很有天分，你很聰明」。

另一組孩子得到是一句關於努力的誇獎，即鼓勵，比如，「你剛才一定非常努力，所以表現得很出色」。

為什麼只給一句誇獎的話呢？德韋克解釋說：「我們想看看孩子對表揚或鼓勵有多敏感。我當時有一種直覺：一句誇獎的話足以看到效果。」

【第二輪測試】

第二輪測試中，有兩種不同難度的測試可選，他們可以自由選擇參加任何一種測試。

一種較難，但會在測試過程中學到新知識。另一種是和上一輪類似的簡單測試。結果發現，那些在第一輪中被誇獎努力的孩子中，有90%選擇了難度較大的任務。而那些被表揚聰明的孩子，則大部分選擇了簡單的任務。由此可見，自以為聰明的孩子不喜歡面對挑戰。

為什麼會這樣呢？

德韋克在研究報告中寫道：「當我們誇孩子聰明時，等於是在告訴他們，為了保持聰明，不要冒可能犯錯的險。」

這也就是實驗中「聰明」的孩子的所作所為：為了保持看起來聰明，而躲避出醜的風險。

第二節　三大「陷阱」導致賦能變失能

【第三輪、第四輪測試】

這一次，所有孩子參加同一種測試，沒有選擇。這次測試很難，是國一水準的考題。可想而知，孩子們都失敗了。先前得到不同誇獎的孩子們，對失敗產生了差異巨大的反應。

那些被誇獎努力的孩子，認為失敗是因為他們不夠努力。

德韋克回憶說：「這些孩子在測試中非常投入，並努力用各種方法來解決難題，好幾個孩子都告訴我：『這是我最喜歡的測驗。』」而那些被表揚聰明的孩子認為，失敗是因為他們不夠聰明。他們在測試中一直很緊張，抓耳撓腮，做不出題就覺得沮喪。

第三輪測試中，德韋克團隊故意讓孩子們遭受挫折。接下來，他們為孩子們做了第四輪測試，這次的題目和第一輪一樣簡單。

那些被誇獎努力的孩子，在這次測試中的分數比第一次提高了30%左右。

而那些被誇獎聰明的孩子，這次的得分和第一次相比卻退步了大約20%。

德韋克一直懷疑，表揚對孩子不一定有好效果，但這個實驗的結果還是大大出乎她的意料。她解釋說：鼓勵，即誇獎孩子努力用功，會給孩子一個可以自己掌控的感覺。孩子會認為，成功與否掌握在他們自己手中。反之，表揚，即誇

獎孩子聰明，就等於告訴他們成功不在自己的掌握之中。這樣，當他們面對失敗時往往束手無策。

不管說孩子「聰明」還是「努力」，本意都是要鼓勵孩子的，都是希望孩子能不斷進步的。但是透過這個實驗發現，如果表達不當，可能會讓父母以為的「鼓勵」變成了扯後腿。

我們從這個實驗來看一下兩組表達的差別在哪裡。兩組說法中「聰明」指向的是人，而「努力」指向的是行為，被說為「聰明」的孩子，一旦遇到挫敗，相應被否定的就是「人」，孩子就會對自己否定，認為自己不聰明。而人是改變不了的，沒有辦法變成另外一個人，所以孩子會有無力感。

而被說為「很努力」的孩子，一旦遇到挫敗，被否定的只是他的一個行為而已，而行為是可以改變的。孩子不會認為是自己這個人不行，只是「我不夠努力而已，我再努力一點就行了」，這個是可以改變的。孩子內心的力量不會被削弱。

所以，鼓勵孩子要對「行為」不對「人」，才能進入高能量循環。

三、「標籤」是個「綑仙繩」，還給孩子不被挾持的人生

每個人一生中都有很多次機會，會被有意無意貼上一些標籤。這些標籤有的好，有的壞。美國心理學家貝克爾

(Becker)認為：「人們一旦被貼上某種標籤，就會成為標籤所標定的人。」每一個人都有尋求社會認同的心理，這就是標籤能夠發揮作用的重要原因。

1. 負面標籤

當一個孩子被貼上了「記性不好」、「懦弱」等符合某個心理條件的負面標籤時，他都會產生趨於認同這個標籤的評價，懷疑或否定自己的能力，從而失去信心。標籤還有「一葉障目」的特點，比如孩子認為自己是個「懦弱的人」，就不會再想到自己的細心、樂於助人等優點。孩子的心理和行為就會慢慢地越來越向這個標籤靠攏。即使孩子並不真的是「懦弱」，有可能是因為謹慎或者思考周全的原因，而被貼上了這個標籤。但是一旦貼上之後，這個標籤極有可能就會導致孩子真的成為一個懦弱的人。

2. 正面標籤

既然標籤有這麼大的威力，那是不是應該多為孩子貼正面標籤呢？由於正面標籤所描述的都是積極的、正向的，比如乖巧、優秀等，確實會讓被貼標籤的人獲得被鼓勵的感受。但正面標籤是否可以為孩子賦能？從短時間來看，正面標籤確實有積極的作用，可以對孩子起到正面的自我暗示。標籤有正面作用，但不意味著要貼正面標籤。

3. 正面標籤的弊端

（1）被標籤「挾持」。比如說一個孩子被貼上了很「乖巧」的標籤，孩子剛開始時也會感覺很不錯。但對於一個青春期的孩子來說，當他自我意識發展的時候，當他有了與父母或師長不一樣的見解時，他就會糾結。到底是要遵從內心、發表自己的看法呢？還是要遵從乖巧聽話的標籤呢？選擇遵從標籤的孩子，很可能會壓抑內在，沒有辦法很好地完成這一次人生蛻變；而選擇了遵從內心的孩子，如果適應良好，就會從標籤中釋放，但是有的孩子會因此而攻擊自己：「我怎麼不乖巧了，是不是變壞了？」

（2）成為道德評判、綁架的助手。比如一個孩子被貼了「樂於助人」的標籤，這的確是很正面的肯定，也會讓孩子做出更多助人的行為。但是不可忽視的是，當一個青春期的孩子在尋求自我定位的階段，他也有可能在自我認同時「用力過猛」，比如有餘力助人是非常好的，但是如果為了迎合這個標籤，而過度地去幫忙，甚至犧牲自己的很多時間、精力甚至利益去幫忙，反而會對孩子造成壓力和負擔。如果孩子不再做這樣的事情，自我評價和他人評價有可能都會認為他不夠好。

（3）家長的操控。正面標籤對家長來說很誘人，會忍不住去用，家長也非常期望孩子成為標籤所描述的那樣的人。這就需要家長能夠區分貼標籤的出發點，是利於孩子的發展呢，還是為了滿足自己管理孩子或者控制孩子的私心呢？

第二節　三大「陷阱」導致賦能變失能

比如愛迪生（Edison）被學校勸退後，媽媽對他說：「因為你是天才，學校沒辦法教你了，才讓你回家。」這個標籤更大程度上是為了孩子的發展，鼓勵了孩子的積極努力。

再比如一個孩子被媽媽貼的標籤是「聽話、不讓大人操心」、「你是最優秀的、最棒的」，當孩子朝這個方向去努力的時候，確實會讓父母很欣慰。父母要注意的是，自己是否有利用這個標籤來達到操控孩子的目的。

總之，正面標籤雖有正面意義，但要善用，否則可能會因此對孩子造成更大的傷害。畢竟標籤下的人生是被框住的人生，尤其對於青春期孩子來說，更重要的是幫助孩子建立自我評價體系。

一個孩子不管因為什麼原因陷入一個角色中，不管這個標籤是正面的還是負面的，都不意味著他這一輩子都要飾演這個角色，也不意味著他要永遠被禁錮在這個角色中。

第三節　為孩子賦能的四大溝通工具

一、「剝洋蔥」「去導航」法讓孩子願意說更多

對話一：

孩子：「媽媽，我覺得學數學沒什麼用。」

媽媽：「那幹什麼有用，整天玩遊戲就有用了嗎？能當飯吃還是當水喝？」

……

對話二：

孩子：「媽媽，我想長到一百八十公分。」

媽媽：「那是你想想就行的嗎？得好好吃飯，多多運動！看你整天都窩在家裡！」

……

對話三：

孩子：「媽媽，我這次考試沒有考好！」

媽媽：「考試就是檢驗你平時學習的！平時多努力，考試才有底，平時不努力，考試就漏氣。」

……

第三節　為孩子賦能的四大溝通工具

　　這三段話當中的家長都「成功」地給了孩子「負能」，並且斬斷了對話。三段對話都體現了父母的「著急」，著急為孩子做個總結，著急為孩子指明方向。以下兩種溝通法可幫助父母破解「著急」所帶來的「負能」對話。

1.「剝洋蔥」溝通法

　　在這三段話當中，家長聽到孩子說起一個話題，就馬上做了總結歸納，並且提高綱要，同時沒有意識到，他所理解的跟孩子想要表達的未必一致。

　　父母在與孩子溝通時，要多練習做好一件事：不是「包起來」而是「剝開來」。

　　「包起來」就是即時總結、下定論，一旦話題被下定論就好像物品被包起來一樣，之後就是送出貨物了，難以有後續的對話。

　　「剝開來」是對這個話題多一分好奇，多一分澄清，多一分繼續了解。就像剝洋蔥一樣，一層層剝開，這樣就可以讓話題繼續，並且更容易了解到孩子的真實想法。

　　比如孩子說「想長到一百八十公分」，如果是「包起來」，那就總結為「多吃多運動」，以及「你不運動（難以長高）」。

　　如果是「剝開來」，父母就可以跟孩子進一步聊──

第五章　賦能：每一句話都可以是青春期孩子的「加油站」

「為什麼是一百八十公分，而不是一百七十五公分呢？」

「想要長這麼高的話，會需要做些什麼呢？」

「你有什麼計畫嗎？」

「有什麼我可以幫助你的呢？」

……

「剝洋蔥」法則，一定可以幫助父母與孩子聊很多，在「剝洋蔥」的過程中也能讓父母了解孩子的想法，說不定還會發現很多父母平時不知道的事情。

2.「去導航」溝通法

我們使用導航的時候，會先設定一個目的地，然後不管怎麼走，最後都能夠按照規劃好的路線到達目的地。這就像很多家長與孩子的溝通方式一樣，不管說什麼，目的地都只有一個。有的孩子說，「我媽媽很厲害，不管說什麼，最後都能講去課業」。這是因為媽媽看到孩子那一刻，跟孩子溝通的一開始，就已經開啟了「導航」，所以最後七拐八拐，都能到達她原來設定的目的地。

尤其對於青春期孩子來說，他們嘴裡經常會說「我最討厭你們大人的虛偽」、「我就知道你要說什麼」、「又是那一套」等，其實孩子是在告訴父母，他們渴望真誠的溝通，而不是套路。

家長要放掉功利心，不要指望每一次對話都能成為教導孩子的契機。比起情感連結，什麼諄諄教誨、人生經驗都變

得沒那麼重要了。

美國一位青少年心理醫生回憶童年時講過這樣一件事。有一次去幼稚園的路上，他說想要去動物園。可是爸爸要上班，他要上學，當時有些失落。誰知道，他在幼稚園玩耍的時候，爸爸來接他，說要帶他去動物園。他真的是高興極了，爸爸和他在動物園度過了一天。他說，那天的感覺一直溫暖著他，哪怕之後爸爸因為作業沒完成而罵他的時候，他也會想起那一天。

可見，家人的情感連結對孩子內在的豐盈有多麼重要。我想太多父母其實曾經都會有很多時刻，願意為了滿足孩子的一個小心願去努力爭取。只是，家長也容易忽略了，其實太多時刻都是可以點亮孩子內心的。也許僅僅是需要父母不要那麼著急，在此刻多停留一下而已。

著名華人心理諮商師哈克說：「何必急著從這裡去到那裡，這裡已是風景。」

當不急著去某一個目的地的時候，父母和孩子的溝通就會放鬆。登月第一人阿姆斯壯（Armstrong）小時候有一次跑回家對正在做飯的媽媽說：「媽媽，我要上月亮！」阿姆斯壯的媽媽心裡沒有「導航」，沒有目的地，所以她沒有說：「上月亮？你還要上太陽呢，還不趕緊把作業寫完！」而是對他說：「哦，上月亮呀，那要記得回來哦！」

二、兩步讚賞法讓孩子信心滿滿

對話一：

父母：「你真厲害，作文拿了三等獎！」

孩子（心裡）：「其實我一點都不厲害，全班有一半的人都得獎了。」

對話二：

父母：「你很會攝影啊，照片拍得不錯！」

孩子（心裡）：「你真的這麼認為？有好幾張其實拍得很爛啊！」

在這兩個例子當中，雖然父母是在鼓勵孩子，但是孩子內心卻並沒有產生高自我評價。有的父母之前經常批評孩子，學習之後意識到應該多鼓勵孩子，可是如果話說得不得當，孩子反而會認為父母在使用「套路」。再好的方法，也沒有父母內心真正生出對孩子的欣賞和認可更重要。

同樣的例子，可以換個說法：

對話一：

父母：「我特別喜歡你作文裡面這一句『它們用生命最後的活力演繹了這支獨特的舞蹈』，把落葉寫得既優美，又不淒涼，讓我看到生命到最後都還綻放的美。」

孩子（心裡）：「媽媽是真的很喜歡這一句，我確實可以寫出打動人心的文字呢！」

第三節　為孩子賦能的四大溝通工具

對話二：

父母：「你這張照片抓拍到了同學衝刺時的表情哦！很不容易！」

孩子（心裡）：「我的努力沒白費，還真是有成果的！」

當父母換了說法後，孩子感受到了父母的真誠，並且也因此為自己按了一次「確認鍵」。

這兩種說法有什麼不同呢？

前一種是「評價式」，後一種是「描述式」。

（1）「評價式」的說法讓孩子感到敷衍。而且當父母的評價中有那麼一點讓孩子感覺到否定的意思，那麼這樣的鼓勵就違背父母的初衷了。比如孩子認為「有的照片拍得一點都不好，你還故意說好，所以根本不是你說的那樣的，其實我拍得很爛」。

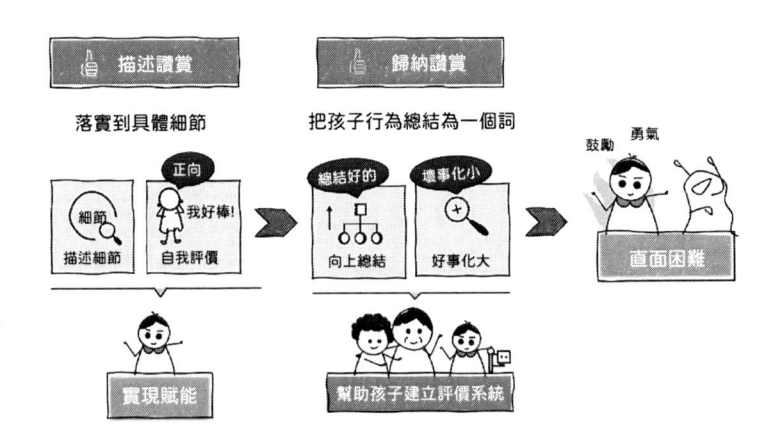

第五章 賦能:每一句話都可以是青春期孩子的「加油站」

(2)「描述式」的說法描述了細節,講了具體的原因,孩子知道父母是真的看到了,也真的很喜歡或者很欣賞。讓孩子產生好的自我評價的讚賞才能夠實現賦能。

「描述讚賞」是第一步,是落實到具體細節,接下來第二步是「歸納讚賞」,把孩子的行為總結為一個詞。

可能有的家長會困惑,前面不是講過不要「包起來」,而是要「剝開來」的溝通方法嗎?不是讓家長不要動不動就總結,動不動就提高綱要嗎?這裡有個很重要的差別,就是遇到孩子的問題時,要「剝開來」,但是在讚賞時是可以總結的。也就是說,不好的不去做定性,但好的可以做總結,讓孩子印象深刻。不好的要小事化了,好的可以小事化大。有時家長剛好做反了,不好的小事化大,追究不放,好的卻視若無睹,不聞不問。

對話一:

父母:「我特別喜歡你作文裡面這一句『它們用生命最後的活力演繹了這支獨特的舞蹈』,把落葉寫得既優美,又不淒涼,讓我看到生命到最後都還綻放的美。」

孩子(心裡):「媽媽是真的很喜歡這一句,我確實可以寫出打動人心的文字呢!」

孩子說:「是呀,我是真的認為落葉並不是最後的結束,而是來年生命的開始。」

父母:「嗯,這就是『立意新穎』!」

對話二：

父母：「你這張照片抓拍到了同學衝刺時的表情哦！很不容易！」

孩子（心裡）：「我的努力沒白費，還真是有成果的！」

孩子說：「真的，你不知道我費了多大力氣才能找到這個角度！」

父母：「嗯，這就是『注重細節』！」

「歸納讚賞」要注意的是，這仍然是在描述，而不是評價：「這就是『注重細節』！」而非「你真是個『注重細節』的人！」

「歸納讚賞」的意義在於透過這樣一個詞一個詞地累積，來幫助孩子建立他的評價系統，這些詞彙將成為他以後面對困難時的力量。日復一日的讚賞，都是在一點一滴為孩子累積能量，並存於孩子的內心，沒有人能奪去。這些都會在日後孩子遇到挫折時，給予孩子鼓勵，成為他成功的基石。

三、「半杯水」焦點定律，關注的都會被強化

如果你面前有一個杯子裝了半杯水，你看到的是什麼呢？

有一個小故事，老師開家長會的時候，在黑板上寫了五道數學題，家長們認真地看著。老師寫到第五個時，家長不約而同地叫了起來：「老師，你這道題寫錯了！」

第五章　賦能：每一句話都可以是青春期孩子的「加油站」

老師轉過身鄭重地對家長說：「我寫對了四道題，沒有人誇我。而我只寫錯了一道題，你們都來批評我。你們平時對孩子是不是也這樣呢？」

很多父母聽了這個小故事也會反思自己是否經常對孩子這樣。說出缺點很容易，說出優點很難，並且說缺點很快，張口就來，不打草稿，說優點時，左思右想都難以挖掘出一個。這往往是因為父母認為孩子做對的、做好的，都是理所當然。尤其是父母自身比較優秀的時候，更容易出現這種情況，他們會認為：「你看，我從小都不用別人操心，你怎麼就這麼讓我操心呢！」

然而父母越聚焦什麼，什麼就越容易發生。在《你好棒！鯨魚訓練師告訴你讚美的力量》（*WHALE DONE!*）這本書裡，鯨魚訓練師說了一句讓作者和隨行人員驚掉下巴的話，他說：「忽略牠做錯的事，再嘗試別的動作或把注意力放在別的地方。」大家都認為怎麼可以「忽略做錯的事」呢？這樣怎麼可能會越做越好？怎麼會有那些完美的演出？這位每天要與一萬磅的殺人鯨共舞的優秀訓練師告訴大家，越在意的事情，就越會重複發生。關注錯誤，錯誤的發生機率就會更高。不可以以「優越」教訓或者馴服「劣等」動物的心來對待鯨魚，那樣是沒有辦法讓牠接受任何訓練的。訓練師要做的是讓牠「信服」，跟牠一起玩，讓牠信任，「永遠期待牠們能辦到看似不可能的任務」。

第三節　為孩子賦能的四大溝通工具

　　我認為這番話對每一位青春期孩子的家長都很有價值。父母要多去看「半杯水」，而不是「半個空杯」。有的家長可能還會說「我多看半杯水，空杯就能有水嗎？」當父母多關注孩子優點、做得好的部分，孩子確實會把做得好的部分做得更好，也有可能會帶動之前沒那麼好的部分越來越好。

　　我想說的是，即使不能讓半杯水更多，也值得父母這樣去做，因為看到半個空杯的時候，父母輸出的是匱乏感，是自己或孩子沒有的、做不到的，內心會陷入無助。

　　而看到半杯水的時候，父母輸出的是豐盈感，是自己或孩子有的、能做到的，內心是充實的、安全的。

　　哪一種會為孩子更賦能呢？

　　父母：「你看你頭髮這麼亂，還沒穿上鞋子，快點，否則上學要遲到了。」

　　孩子：「在你眼裡我就從來沒做對過！」

　　要多告訴孩子「他做對的事」，父母可以換個方式來說。

　　「你差不多穿戴整齊了，乾淨的T恤、褲子和襪子也很配，嗯，只剩下鞋子和頭髮了，弄好了就可以去上學啦！」

　　兩句話實際上說的是同一回事，但是給孩子的感受卻完全不一樣。

　　永遠看到孩子做到的、做好的事情，並且把它說出來。

四、「正向資源」法，變情緒為力量的泉源

負面情緒是青少年的重大困擾之一，是最容易造成負能循環的因素。孩子學會如何與情緒相處，將使孩子終身受益，並且成為力量的泉源。

實際上情緒並沒有好壞之分，不管哪一種情緒都是一個「信使」，它只是來報個信，比如快樂的情緒，傳遞的是人的某一部分的內在需求獲得了滿足，恐懼傳遞的是有危險存在，要調動注意力照顧好自己。

我們通常會接納好的情緒，而對那些看上去很糟糕的情緒，會害怕、逃避、否認。「不要生氣」、「別難過」，當孩子有糟糕情緒的時候，愛孩子的家長就特別希望盡快趕走它。

這在某種程度上也反映了家長的焦慮，家長看不得孩子的負面情緒，有時候孩子一有負面情緒，家長的焦慮比孩子還嚴重。這也是值得家長本身去關注的，家長可以回憶一下，過去是如何應對自己的感受的。

是否曾經在生氣的時候否定自己，認為自己不應該憤怒？

是否曾經在哭泣的時候認為自己很軟弱？

是否曾經在回答問題忐忑不安時，抱怨自己很沒用？

為人父母之後，當孩子出現這些情緒時，會把當初自己對這類情緒的否定、逃避、貶低通通投射在孩子身上，父母不希望孩子也陷入這樣的困擾當中，所以，會想快速終結它

第三節　為孩子賦能的四大溝通工具

對孩子的影響。

然而,一味貶低、否定、逃避才是造成困擾的內在因素。父母要和孩子一起做的是聆聽情緒,而不是應對情緒。

其實父母完全可以「讓情緒再飛一會」,當一個人能夠更多地跟情緒相處,才能夠更理解自己的情緒。當自己的情緒被身邊人接納和允許時,便不會有過多的自我攻擊。否則,當情緒來的時候,孩子會多一層自我攻擊:「我怎麼又生氣了,我真是沒用,總是沒有辦法控制情緒。」

情緒是趕不走的,它之所以有糟糕的表現,是因為它被「卡」住了,如果讓它流動起來,便會將破壞性降到最低。

情緒不是垃圾,而是向內探索的資源。

父母可以用「訊號破解法」幫助孩子找到「壞」情緒的正向資源。當這種方法運用得多了,就會成為孩子面對情緒的方式。如果青少年在與父母的相處過程中,學習到了與情緒相處的方式,便會在更多的人生情境中獲得更大的自由度。

「訊號破解法」步驟:

第一步,為自己的情緒命名,比如悲傷、難過、沮喪。可以參考本書的「情緒詞彙庫」多累積對情緒的了解和表達。認識自己的情緒是不再被情緒破壞性影響的第一步。

第二步,用句式「我感到＿＿＿＿＿是因為＿＿＿＿＿」寫出或說出「壞」情緒從哪裡來。

第五章　賦能：每一句話都可以是青春期孩子的「加油站」

例如「我感到很恐懼，是因為我的作業還沒有做完。」

第三步，用句式「(情緒詞)告訴我」

例如，焦慮告訴我，我很負責，又很希望完美。

第四步，接納並感謝。例如「感謝你，我的恐懼，你讓我有動力去完成一些不可能完成的任務。」

「感謝你，我的焦慮，你常常讓我把事情做得很漂亮。」

「感謝你們曾經對我的幫助，現在我要去體驗快樂的感受！」

第四節　鼓勵孩子勇敢做自己，養出「自賦能」體質

一、邊界對話，為孩子留個「安全形態」

在一次活動中，我聽到一位已經成年的「孩子」講述父母與自己的關係時，說到她的父母總是會對她指指點點、說三道四，還必須要得到她的認同，否則就會繼續說下去。父母自以為是在鼓勵她、推動她走向更好的未來，而她卻感到非常痛苦。

有一次她出現了嚴重的身體反應，頭痛、噁心、想吐。她對父母說，能不能先別說了，因為她感到很不舒服。父母卻完全不理會她的感受，認為她就是在迴避問題，不想聽而已，根本不是什麼不舒服。直到最後女兒接受了他們的觀點，父母才算滿意地「收兵」了。

她畢業後在外地工作，每次要回家前，她都會非常真實地感到頭痛、噁心、想要吐。

這看上去是因為父母出於關心和愛，所以才會如此苦口婆心。其實並不是，這是父母自己的安全感缺失導致的，是父母的內在恐懼的投射。父母所謂的「愛」和「為你好」，不

第五章　賦能：每一句話都可以是青春期孩子的「加油站」

是賦能，而是在侵犯孩子的邊界。如果父母沒有很好的邊界感，就會像是與孩子成了連體人，每走一步都是撕扯的痛。

當說到「邊界」這個話題，就會有很多家長一邊非常認同，一邊又惴惴不安地問：「那我是不是不用管就好了？」

家長的這句話裡面包含了「孩子沒有我能行嗎」、「在他的世界裡，我是不是不再重要了」這樣的擔憂。其實邊界感並不是要父母完全與孩子拉開距離或者放任不管，而是要清楚哪些事情是父母的，哪些事情是孩子的。跟父母有關的責任仍然是父母的，孩子自己的事情就交還給孩子，不要太把孩子的事情當成自己的。

就好比皮膚是人的肉體與世界的「邊界」，這個邊界保護了個體不受傷害，保障了個體的基本安全感。

試想一下，如果總是有人拿個利器來戳你，不經你允許或者在你不願意的情況下來摸摸你、捏捏你，或者非要你暴露你不想暴露的皮膚，或者為你的皮膚塗上你不喜歡的顏色等，你內心是不是會有種被侵犯的感覺？

很多父母與孩子相處過程中，常常會不小心侵犯了如下幾項孩子的邊界而不自知：

1. 攻擊型侵犯

責備、說教、威脅、嘮叨這些低能量的對話方式都是攻擊型侵犯，有的父母會認為只有以這些方式才能做到管教孩

子,但其實這是對孩子邊界的挑戰,迎來的只會是孩子的牴觸或對抗。這部分內容在第一章已詳細講述了,這裡不再重複。

2. 敏感型侵犯

總是有意去戳孩子敏感的、不願意被人觸碰的點。比如有的孩子偏胖,就一定不喜歡聽父母說「除了吃就是睡,不胖才怪」;有的孩子飲食上口味比較獨特,就一定不喜歡聽父母總是在別人面前埋怨「這個孩子太挑食,所以這麼瘦」;有的孩子考試成績不理想,就一定不喜歡被父母要求向某某人學習;有的孩子因比較調皮經常被投訴,就一定不願意聽到父母嘮叨「你遲早會把我氣死,我的臉早晚會被你丟光」……

3. 隱私型侵犯

每一位青少年都有自己的隱私,或者自己不想與人分享、不想被人評論的事情。如果父母非要孩子開著門寫作業,如果父母偷看孩子的日記或聊天紀錄,如果父母總是過問孩子朋友的事情,都會讓孩子感受到被侵犯。有時孩子關上門戴上耳機,他並不一定在做什麼偷偷摸摸的事情,可能就是一個人發呆,一個人檢查一下文具,一個人舉幾下啞鈴而已。但他一定需要這種自我空間的清晰邊界,這種邊界感會讓孩子踏實、放鬆且舒適。

4. 思想型侵犯

在前面的例子當中，這個女孩的父母總是在思想上、觀點上要求女兒與他們保持一致。但對於青少年來說，有獨立的思想是他們成長的特徵之一，也是他們真正走向獨立、開啟更大創造力的動力之一。如果孩子的思想或觀點總是被否定，他的創造力和思考能力就會慢慢萎縮，且不敢有自己的觀點。

5. 圓夢型侵犯

沒有一個人的人生會完美無缺憾，新生命的到來會讓這些缺憾彷彿看到了可以彌補的希望。有的父母誤以為孩子是另一個全新的自己，這一次一定要實現之前未能實現的願望。於是，孩子把自己的人生過成了為父母圓夢的人生。在孩子青春期或者自我意識覺醒的時候，發現自己過的根本不是自己想要的人生，孩子會陷入深深的迷茫和痛苦中。還有什麼比丟失了自己更可怕的事呢？

6. 權利型侵犯

每個人都有自己做主的權利，尤其對自己的身體、生活都有相應的決定權。很多人都有這樣的體會：當自己本來很想做的一件事情被別人催促時，馬上就沒有力量做這件事情了。本來我可以自己做決定的，當別人幫我做了決定，就會覺得一下子洩了氣。雖然事情是同一件事情，但是主動和被

迫卻在能量上有本質的不同，一個是自己有力量，一個是力量被剝奪。如果父母經常越俎代庖為孩子做決定，就等於剝奪了孩子的力量感。

經常聽到有的父母說，「孩子沒有動力做事」、「孩子沒有自覺」。父母可以先來檢視一下，有沒有在親子溝通中破壞了孩子的邊界？為孩子留個「安全形態」，讓孩子確認與父母來往是安全的，不會被侵犯的，孩子才有可能真正從內而外產生自己的動力。

二、與青春期孩子的優勢對話

孩子的考試成績一出來，父母最關注的是哪一科的成績呢？是平時較好的，還是平時較弱的？很多父母會下意識地關注孩子的弱項，在「揚長補短」這四個字當中，很多父母都會更加重視「補短」，都很希望孩子能把這個短處補上，「數學和國文挺好的，那英語補上去不是更好嗎」？

而「揚長」只是錦上添花而已，反正已經是長項了，就不用太花心思了，再提高也無非是從 95 分提高到 98 分而已，但是弱項如果能從 60 分提高到 80 分，那就再好不過了。看上去，關注弱項性價比更高。但實際上是不是這樣呢？

在優勢理論裡有不同的觀點可以供父母參考：

第五章　賦能：每一句話都可以是青春期孩子的「加油站」

1. 發揮優勢可以調動學習的動能

在任何學習中，專注力、學習的主動性以及學習效率都是至關重要的。父母可以觀察一下孩子在學習不同學科時的狀態，往往會有如下區別：

	優勢學科	弱勢學科
專注力	較好	較差
主動性	高	低，不提醒不願意做
效率	快	低，會磨蹭

然而這個差別不僅僅體現在當前學科上，它們是會相互影響的。

有研究顯示，每天運用優勢的孩子的專注度和主動程度要比其他孩子高 5 倍，每天聚焦優勢的學習效率會高 12.5%。也就是說當孩子把關注點和發力點放在優勢上，是會對整個學習狀態都發揮促進作用的。

而如果把焦點集中在弱勢學科上，很可能會導致優勢學科的相應效率和專注度等下降。

2. 善用優勢能力，帶動弱勢發展

強調優勢時自信，強調弱勢時自卑。當面對優勢的時候，孩子獲得的是自信的感受，他認為這件事可以做好，也願意去做。當面對弱勢時，孩子感到更多的是自卑，認為自己做不好，會有無能感。前者更容易進入高能量循環，後者

更容易進入低能量循環。

而情緒力是學習力的基礎，孩子只有在良好的情緒狀態下，才能有好的學習表現。

父母可以鼓勵孩子總結自己的優勢能力，並將優勢能力運用於弱勢科目的學習上，用優勢帶動弱勢。比如孩子的國文是優勢學科，數學是弱勢學科，可以總結國文學科的優勢能力，比如閱讀理解能力強，這種能力就可以應用於數學學科中的理解題意部分，以優勢來帶動弱勢的發展。

3. 優勢的可為空間超乎想像

學習能力比學習內容更重要，如果只從考試分數來看，弱項的成長空間確實更大一些。但是從能力的提升上來說卻剛好相反。

內布拉斯加大學曾經用 3 年時間進行了一項由 1,000 名學生參加的關於閱讀速度的研究。

研究開始前，不擅長閱讀的學生平均閱讀速度是 90 字／分鐘，擅長閱讀的學生的平均閱讀速度是 350 字／分鐘。在進行了為期 3 年相同的閱讀訓練後，不擅長閱讀的學生的閱讀速度提升到 150 字／分鐘，約是 3 年前的 1.5 倍，而擅長閱讀學生的閱讀速度的提升幅度是驚人的，他們訓練後的閱讀速度達到 2,900 字／分鐘，比之前提高了 8 倍多。

這項研究結果顯示，如果花同樣的時間在一件事情上，

關注優勢的回報要遠遠高於關注弱勢的。多關注孩子的優勢，才能夠讓他的潛能爆發。

三、活出擁有「四張牌」的人生底氣

青少年的思維還未完全成熟，看問題容易產生片面性和表面性，很容易出現只認一個道理的情況。有的時候是觀點上，認為這個就是對的；有的時候是選擇上，只要這個，其他的都不考慮；有的時候是方法上，只有這個辦法能解決，別的都不行。

如果孩子的選擇行得通，孩子會因此而增加能量。但如果一旦行不通，孩子的狀態就會跌入谷底。因為這對孩子來說，意味著無路可走。非黑即白的選擇意味著匱乏、沒有彈性、沒有迴旋餘地。這種無助感會讓人進入低能量循環，很容易走進死路。

一個人最大的自助莫過於「我還有選擇」。給自己足夠的彈性，有足夠的選擇空間。為孩子培養多選的思維，養出孩子自賦能體質。

父母可以利用第三章講到的 DISC 工具，在平時跟孩子做遊戲式的探討。比如看新聞的時候，家人之間可以對某個新聞事件進行討論。之前你們有可能會各執己見，也有可能會看法一致。

第四節　鼓勵孩子勇敢做自己，養出「自賦能」體質

現在可以嘗試一下用DISC來玩個「四張牌」的遊戲。D、I、S、C就是四張牌，四種解決方案，詳細內容請參考第三章。如果這個故事的主角是D，他會怎麼解決，如果是I怎麼處理最得當，如果是S情況會不會不一樣，如果是C結局可能會發生什麼變化。

這樣一來父母與孩子的討論會變得有趣很多，不再執著於誰的觀點對錯，而且還會發現所有的事情皆有四種解決方案。當孩子養成了這樣的思考習慣之後，再面對實際問題的時候，就會多了一個「四張牌」的思考方式。不管遇到什麼事情，都還有「四張牌」可以選擇。這種彈性、允許、有選擇會讓生命變得有張力，而不是頻頻跟自己和他人較勁。

比如「面對只有一半學生能夠上高中的狀況」，就可以有四種思考方式：

可以用D來看清目標，讀書哪有那麼難，設定目標，做就是了。

可以用I來調動熱情，未來有無數種可能，上高中未必是我唯一選擇，或者儘管來吧，與題共舞！

可以用S來盤點資源，我可以使用哪些資源幫我達成目標。

可以用C來校驗標準，好好規劃每一步以達成自己的目標。

手裡有四張牌的富足感，比起只有一個選擇的匱乏感，會讓孩子更從容，更有掌控感，多一種選擇就多一分力量！養成這個選擇習慣，孩子會持續生長出更多的力量。

小鳥能夠安心地在枝頭睡覺，不是相信樹枝不會斷，而是相信自己的翅膀可以帶牠飛翔。希望孩子們帶著擁有「四張牌」的人生底氣走向更多可能的未來。

四、給孩子做自己的勇氣，活出人生「高版本」

有一次在網路社群上看到一篇文章，一位媽媽陷入每日和孩子的各種嘮叨、爭吵、相互看不順眼等親子矛盾當中，非常苦惱。這位熟悉中藥的媽媽在一次採藥的過程中，突生感悟，每一株小小的草藥都有它獨特的藥性，有的可以止咳、有的可以活血、有的可以消炎，連植物都有自己的異稟，何況是人類呢？

每個孩子來到這個世界上，也一定會有他獨特的使命。父母要做的，不是把孩子變成父母想要的樣子，而是支持他成長為他自己，那樣才能夠完成他獨一無二的使命。試想如果你是比爾蓋茲的父母，假如按照你的要求去讓他成長，或許他能長成你所期待的樣子，卻一定不能成為比爾蓋茲。

一個孩子只有很好地做自己，才有機會活出人生的「高版本」。

第四節　鼓勵孩子勇敢做自己，養出「自賦能」體質

一個孩子只有成為他自己，才有可能在高能量循環中綻放青春！

在支持孩子做自己這件事情上，除了這本書裡面講到的所有內容之外，父母還可以做如下兩個小練習：

1. 堅信「孩子是自己的好」

回想孩子剛出生的時候，每一位父母對孩子都是疼愛有加，而且會認為這是「全世界最可愛的孩子」，毫不懷疑。那時候孩子展示的是他生命的真相，就是要用可愛讓父母好好照顧他們。而現在，孩子展示的仍然是他的生命真相，就是要蛻變成一個獨立的個體，這個個體的未來誰都無法估量。當年，父母是如何無條件地支持他成長，那麼現在也一樣。

為了讓父母做到「堅信」，可以嘗試記手帳的方式。畢竟當父母被氣得火冒三丈時，很可能會把之前所有的「相信」都拋諸腦後。

手帳分為「孩子棒棒的表現」、「我想對孩子說的『感謝』」和「我發現了孩子的正向資源」三個部分。前兩項很容易理解，最後一項是記錄那些以前父母可能認為是負面的、不好的，但現在卻發現了正向資源的事件。比如「之前孩子走路總是會撞到東西，我認為這是他心不在焉、愣頭愣腦的表現。現在我理解這是由於他長得太快了，還沒適應自己的身體的關係。」、「之前孩子寫作業總是磨蹭到很晚，我會認

為是他不用心、不夠認真，時間管理得不夠好。現在我理解到他很想努力把作業完成好，只是真的遇到了困難。」

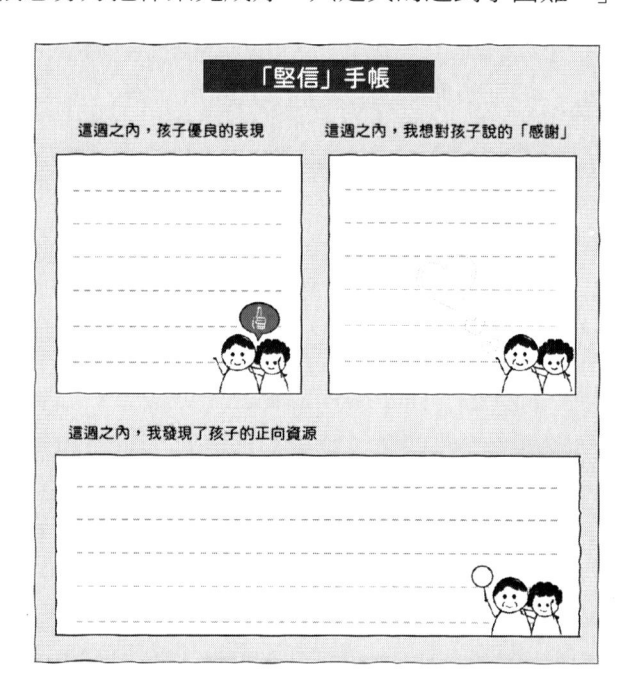

「堅信」手帳

這週之內，孩子優良的表現

這週之內，我想對孩子說的「感謝」

這週之內，我發現了孩子的正向資源

2. 父母從自身出發，開啟豐富人生

有位家長跟我說，她讀國中時，有一次去同學家裡，看到同學正跟爸爸在嬉笑打鬧。她萬分驚訝，跟爸爸在一起還可以這麼好玩、這麼開心？在她家，她看到爸爸就恨不得躲進地窖去，以免又遭到他的挑剔和打罵。她之前以為所有的父女關係都是這樣呢！

對動物的測試證實，如果貓狗成長環境中只有水平線，

第四節　鼓勵孩子勇敢做自己，養出「自賦能」體質

牠們就無法知道垂直線。所以父母給孩子的「烙印」會影響孩子的成長。

孩子經歷過的生活會影響他對未來生活的認知。父母做好自己，規劃好自己的生活，照顧好自己的情緒和能量，就是對孩子成長為獨立個體最好的支持。當孩子看到父母可以活得這樣內在豐富，他會更加相信自己同樣也可以活得多姿多彩。

父母也可以為自己做一份日常手帳，分為兩個部分：

第一部分記錄自己與孩子溝通得很好的故事。加強自己的信心，「我是可以做個好父母的！」

第二部分是記錄「三不」，即作為父母要做到「不自戀、不自傲、不自迷」。

自戀是指：「我說的都對，我做的都對，我的決定都對。」

自傲是指：「你的一切都是我給的，我真偉大，這個家都是用我的犧牲和努力換來的。」

自迷是指：「我會把焦慮的事情當成事實真相，我會把擔憂的未來當成會發生的事。」

這份手帳可以幫助父母做一次反思和記錄，記錄那些曾經為了自己、為了維繫更好的關係而成長的時刻，讓父母在這份成長中豐富自己，同時影響孩子，共同開啟「高版本」的人生！

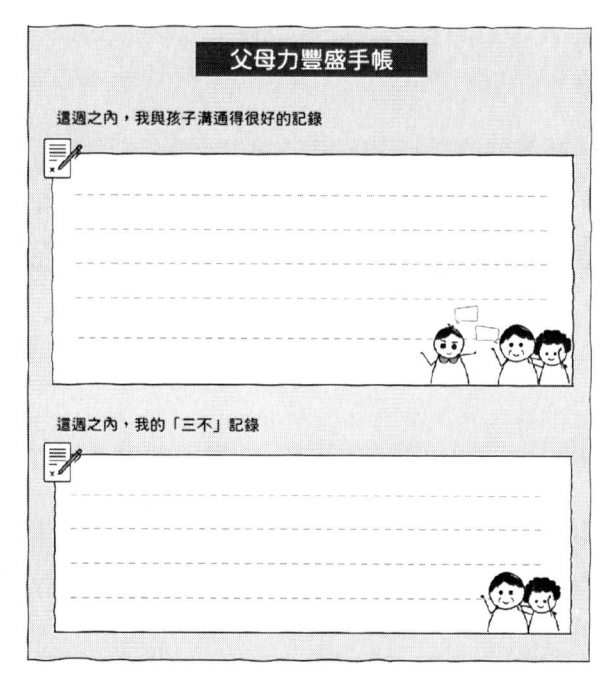

第五章　賦能：每一句話都可以是青春期孩子的「加油站」

父母力豐盛手帳

這週之內，我與孩子溝通得很好的記錄

這週之內，我的「三不」記錄

　　不管父母跟孩子一起經歷了青春期的雲霄飛車也好，一起經歷了傷痛和失敗也好，一起創造了幸福和喜樂也好，這都是值得感恩的。正是這段日子成就了父母和孩子共同的蛻變和成長，也請感恩自己有一顆向陽生長的心，所以你我才會因為本書相遇。

　　這本書寫到最後，我想以一個生活小事作為結尾。有一次我們在外面吃晚飯，那是個寒冷的冬天，餐廳進來一位極其普通的中年女子，她推了推滿是霧氣的眼鏡，大概是在找人。這時候跑出來一個小女孩，歡天喜地大聲喊著媽媽，幸

第四節　鼓勵孩子勇敢做自己，養出「自賦能」體質

福地撲到她懷裡。我瞬間因這一幕感動地熱淚盈眶，我們可能普通到沒人會留意，我們可能平凡到毫不起眼，甚至有時倒楣到全世界都背棄，可是，只有我們的孩子把我們當成他們的全部，把我們當成他們最殷切的期待。

平凡的自己竟然常常是孩子的全部，我們的守候、我們的悲傷、我們的看見，他們全都收得到，這一刻，到底是我們守護了他們的成長，還是他們成全了我們的生命？

祝願每一個孩子的青春都能得到父母最好的支持。

也祝願每一位父母都能在孩子的青春期這場修行中獲得自我修復、滋養甚至重生。

國家圖書館出版品預行編目資料

從叛逆到共鳴，與青春期的深度談心：中二病、挑戰權威、禁止戀愛、負面爆炸……從情緒管理到有效對話，突破親子的「溝通瓶頸」！ / 王藝霖 著 . -- 第一版 . -- 臺北市：樂律文化事業有限公司 , 2024.10
面； 公分
POD 版
ISBN 978-626-7552-40-7(平裝)
1.CST: 青春期 2.CST: 親子溝通 3.CST: 親子關係 4.CST: 親職教育
528.2　　113014609

電子書購買

爽讀 APP

從叛逆到共鳴，與青春期的深度談心：中二病、挑戰權威、禁止戀愛、負面爆炸……從情緒管理到有效對話，突破親子的「溝通瓶頸」！

臉書

作　　　者：王藝霖
責任編輯：高惠娟
發　行　人：黃振庭
出　版　者：樂律文化事業有限公司
發　行　者：崧博出版事業有限公司
E - m a i l：sonbookservice@gmail.com
粉　絲　頁：https://www.facebook.com/sonbookss/
網　　　址：https://sonbook.net/
地　　　址：台北市中正區重慶南路一段 61 號 8 樓
8F., No.61, Sec. 1, Chongqing S. Rd., Zhongzheng Dist., Taipei City 100, Taiwan
電　　　話：(02) 2370-3310　　傳　　　真：(02) 2388-1990
律師顧問：廣華律師事務所 張珮琦律師
定　　　價：375 元
發行日期：2024 年 10 月第一版
◎本書以 POD 印製
Design Assets from Freepik.com